엄마 마음 크기가

아이 인생 크기를 만든다

장애영 사모의 마음 양육법

엄마 마음 크기가 아이 인생 크기를 만든다

지은이 | 장애영
초판 발행 | 2016. 3. 22
11쇄 발행 | 2023. 1. 5.
등록번호 | 제1988-000080호
등록된 곳 | 서울특별시 용산구 서빙고로65길 38
발행처 | 사단법인 두란노서원
영업부 | 2078-3352 FAX 080-749-3705
출판부 | 2078-3331

책 값은 뒤표지에 있습니다.
ISBN 978-89-531-2528-5 03230

독자의 의견을 기다립니다.
tpress@duranno.com www.duranno.com

두란노서원은 바울 사도가 3차 전도여행 때 에베소에서 성령 받은 제자들을 따로 세워 하나님의 말씀으로 양육하던 장소입니다. 사도행전 19장 8~20절의 정신에 따라 첫째 목회자를 돕는 사역과 평신도를 훈련시키는 사역, 둘째 세계선교(TIM)와 문서선교(단행본·잡지) 사역, 셋째 예수문화 및 경배와 찬양 사역, 그리고 가정·상담 사역 등을 감당하고 있습니다. 1980년 12월 22일에 창립된 두란노서원은 주님 오실 때까지 이 사역들을 계속할 것입니다.

장애영 사모의 마음 양육법

엄마 마음 크기가
아이 인생 크기를 만든다

두란노

목차

프롤로그 | 부모의 자존감 회복이 자녀 축복의 시작이다 8

Part 1

육아 질병, **두려움과 과잉보호**를 발견하다

만남 1 위기는 하나님의 은혜를 구하는 지름길이다 18

자녀 문제는 모든 부모의 어려움이다 | 부모만 안 보이는 내 자녀의 성장통 | 부모가 할 수 있는 건 무조건적인 사랑과 용서다 | 먼저 고침 받아야 할 사람은 자녀가 아니라 부모다

만남 2 부모의 불안한 마음부터 다스리자 30

내 마음의 걸림돌 찾기 | 내 마음은 견고한 두려움의 집 | 나의 육아 방식은 집착육아, 과잉보호 | 문제 속의 나와 직면하기

만남 3 부모와 자녀, 우리는 모두 공사 중이다 48

위장된 상한 마음 | 인생에 가장 필요한 건 마음의 기초공사다 | 말씀에 부모의 마음을 단단히 묶고 또 묶자 | 당신은 그리스도인 부모다 | 마음을 주장하시는 분은 하나님이다

Part 2

아이 인생을 크게 하는 성경적 마음 양육법

만남 4 스펙의 크기가 아니라 신앙의 크기를 키워라 74

자녀의 상한 마음을 부여잡고 나아오라 | 마음밭 기경이 먼저다 | 부부가 불순종하면 자녀가 피해를 입는다 | 유대인의 자녀교육 vs. 한국인의 자녀교육 | 성경적 자녀양육을 위한 기준 | 신앙의 크기를 키워 주는 방법 | 목숨을 거는 신앙 전통이 필요하다

만남 5 자녀 마음을 건강하게 하는 부모 실천 솔루션 98

말씀을 암송하고 일상생활에서 실천하기 | 자녀 앞에서 절대 싸우지 않기 | 자녀를 노엽지 않게 하기 | 자녀의 언어습관은 곧 나의 언어습관이다 | 좌절을 이기는 마음의 근육 길러 주기 | 실수를 이야기하도록 자녀를 용납하기 | 힘들어도 밥해 주기

만남 6 사춘기 자녀를 둔 중년 부모를 위한 지혜 갖기 124

반복되는 근심 걱정 버리기 | 있는 그대로 받아들이기 | 중년 부부의 불안정한 정서 돌보기

만남 7 늦었다고 생각할 때가 가장 빠른 때다 142

예수님의 제자들은 나처럼 문제가 많았던 보통사람들이다 | 부모도 한때는 혹독한 사춘기가 있었다 | '가족 지도'를 만들어 나와 가족을 이해하기

Part 3

성경적 자존감은 **하나님의 사람**으로 세워 준다

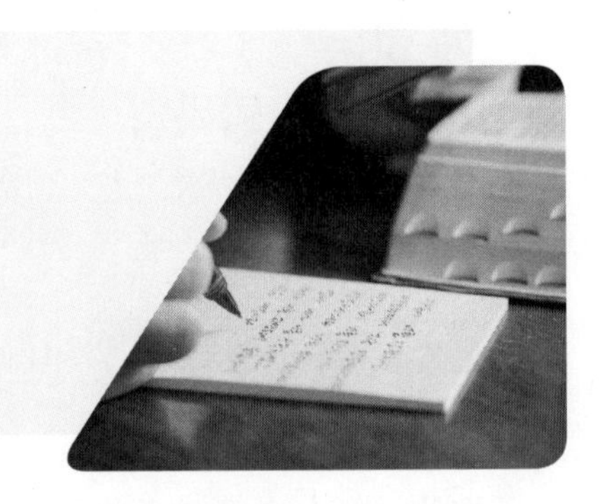

만남 8 성경적 자존감은 말씀 안에서 나를 발견하는 것이다 160

보편적 진리로 자리 잡은 세상 가치관 | 세상은 자존감을 높이라고 이야기한다 | 성경적 자존감은 '회복'되는 것이다

만남 9 자녀의 성경적 자존감 회복, 이렇게 시작하자 176

성경적 자존감의 특징 | 성경적 자존감을 세우는 말씀과 7가지 지침 | 지금 당장 실천할 수 있는 자녀를 위한 기도 | 연령대별 성경적 자존감 회복 프로젝트

만남 10 자존감이 회복되면 공부도 꿀송이처럼 달다 208

건강한 자존감은 3순위일 때 형성된다 | 성경적 자존감 형성을 돕기 위한 '조해리의 창' 배우기 | 성경의 지혜로 공부법도 터득한다 | 공부는 인내 훈련이다

Part 4

순종해야
하나님이
책임지신다

만남 11 하나님의 스토리를 따라가는 부모가 되자 236

부모는 평생 인내 훈련학교 학생이다 | 자녀 속에 심으신 하나님의 비전을 발견하도록 도와주자 | 자녀의 마음속에 믿음의 날개를 달아 주자 | 이제 성공신화의 바벨탑에서 내려오자

만남 12 날마다 하나님 앞에 서는 부모가 되자 250

주님 앞으로 나와서 함께 울자 | 성경적 자녀양육은 하나님과의 러브 스토리다 | 다시 마음이 상하지 않도록 깨어 있어야 한다 | 다시는 속지 말고, 성경 말씀으로 분별하자

에필로그 | 다시 부르는 새 노래 264

부모의 자존감 회복이 자녀 축복의 시작이다

성경적 자녀양육은 자녀를 한 사람의 그리스도인으로 키워 내는 여정이다. 나는 성경적 자녀양육이라는 인생의 프로젝트를 통해서 예수님께 새 마음을 받았다. 새 마음을 받으면 엄마의 마음 크기도 점점 자란다. 부모의 마음이 자라면 아이의 인생 크기도 예수님과 함께 자라 간다.

나는 이 책에서 '성경적 마음, 성경적 자존감, 성경적 성공'에 대한 기준'이 부모와 자녀에게 적용되어 새롭게 마음이 자라고 인생이 커 가는 과정을 기록했다. 우리 가정은 '오직 주의 교훈과 훈계'로 인하여 함께 성장하며 온 가족이 변화를 받는 은혜 속에 살고 있다.

하나님은 먼저 부모를 예수님의 마음으로 회복시키신 뒤 자녀가 말씀 순종의 축복을 받도록 하신다. 자녀와 부모의 마음이 말씀대로 새롭게 되면, 정말로 인생에서 30배, 60배, 100배의 결실을 맺는다. 하나님의 말씀으로 마음밭이 새롭게 되면 자녀의 정체성과 자존감도 성경적으로 회복된다. 이것이 하나님의 약속이다.

모태 불신앙으로 태어난 나는 미숙아를 출산하기 전까지만 해도 믿음도 없고, 인생의 기준도 없던 사람이다. 그러나 아들이 태어나자마자 인큐베이터로 옮겨 지낸 35일간, 나는 하나님께 내 아들을 살려 달라고 울부짖다가 아이의 생명을 하나님께 부탁하기로 작정했다. 이후 응급실을 오가던 어린 아들의 잦은 병치레, 크고 작은 가정사, 남편의 심장병, 교회 개척, 아들의 중학교 자퇴… 그야말로 갖가지 불시험을 지났다. 그때마다 두려움과 불신앙, 의심과 근심으로 마음은 온통 전쟁터였다. 그리고 그 모든 불시험을 통과한 후에도 예배와 큐티, 말씀과 삶의 자리에서 나의 병든 마음과 직면해야 했다. 하지만 그것은 자녀양육의 방향을 다시금 성경적으로 수정하는 밑거름이 되었다.

하나님은 다 아셨다. 아이가 아파도 엄마가 아프고, 남편이 아파도 아내가 아픈 것을. 그래서 하나님은 가족 중에서 생명을 잉태한 엄마부터 고침과 회복의 자리로 부르셨다. 돌아보면 과잉육아로 외피를 감쌌던 나의 열등감과 피해의식, 부정적 자아와 두려움이 드러나고 고침 받아 성경적 자존감으로 회복되었을 때 가장 먼저 엄마 마음부터 자랐다. 우리 가정에서 가장 큰 수혜자는 나의 아들이었다. 하나님은 부모가 먼저 문제에 직면하여 하나님의 은혜를 구하게 하셨다.

아들이 미숙아로 태어나 잦은 병치레를 하면서 나의 과잉보호와 두려움의 문제가 드러났을 때는 정말 고통스러웠고 절망스러웠다. 하지만 이때 생긴 마음의 근육 덕분에 훗날 개척교회 사모가 되고 중학교 자퇴생 아들을 둔 부모가 되는 시련이 닥쳤을 때 고꾸라지지 않고 이기고 나올 수 있었다. 이처럼 가정에 닥친 고난은 자녀와 부모를 폭풍 성장시키기 위해 준비한 하나님의 은혜였다.

하나님의 말씀을 기준으로 자녀양육을 배운 과정과 하나님이 가르치시고 인도해 주신 특별한 은혜에 관해서는 나의 첫 번째 책《엄마의 기준이 아이의 수준을 만든다》에서 연령대별 '주교양 양육법'을 소개하면서 소상히 기록했다. 첫 번째 책이 자녀양육의 기준을 성경 말씀으로 세우고 그것을 실천하다가 받게 된 크고 놀라운 은혜를 기록한 것이라면, 이번 책은 성경적 자녀양육의 여정에서 부모와 자녀의 마음속에 일어났던 큰 변화와 자존감 회복, 그리스도인으로서의 축복을 기록했다.

이 책은 불신앙이었던 초보 시절부터 성경적 정체성과 자존감을 회복하기까지, 자녀양육의 여정에서 눈물의 골짜기를 지날 때마다 경험한 마음의 문제들을 다뤘다. 낙심의 바다, 불신앙의 바다를 지나 다시 말씀에 마음의 닻을 내리고, 믿음의 기도 줄에 몸을 칭칭 감으면서 옛사람이 죽고 새사람이 창조되는 과정도 기록했다.

집밥을 만들듯이, 예수님의 말씀을 한 가지씩 따라 하니 본격적인 마음의 변화가 일어났다. 부모와 자녀의 마음이 성경적으로 기경되면서, 아이와 부모의 자존감도 성경적으로 회복됐다. 오직 말씀 순종과 기도만이 묵은 마음을 기경할 수 있었다. 마음밭이 말씀으로 기경되며 넓혀지니, 우리 가정은 이제 말씀이 풍성하게 거하는 예수님의 집이 되었다.

이제 여러분 차례다. 책을 읽는 가운데 마음에 와 닿는 말씀이 단 한 가지라도 있다면 순종하며 삶에서 실천해 보자. 그 말씀이 여러분과 자녀의 마음을 자라게 하고, 좋은 밭으로 기경할 것이다.

세상 기준에 속지 말자. 내 욕심에 속지 말자. 죄를 즐거워하던 옛사람을 정직하게 직면하자. 미혹된 것들로부터 돌아서서 말씀 앞에서 고민하며 기도함으로써 옛사람의 마음을 새로운 마음과 새로운 자존감으로 기경하자. 그러면 아이 인생의 크기도 커질 것이다.

모쪼록 이 책을 통해서, 우리 가정이 받은 은혜보다 더 큰 하나님의 은혜를 받기를 기도한다. 무엇보다 먼저 그리스도인 부모들이 '성경적 마음, 성경적 자존감, 성경적 성공'을 회복하길 소망한다. 엄마 마음이 자라고, 아빠 마음이 자라고, 자녀의 마음도 자라길 소망한다.

혼돈된 세상 가운데서 구별된 부모 세대가 자녀 세대의 선한 역할 모델로 대물림되기를 간절히 두 손 모아 기도한다.

예수님의 부활과 함께
새 마음 되기를 소망하며,
2016년 하나교회 장애영 사모 드림

Part 1

육아 질병,
두려움과 과잉보호를
발견하다

엄마가 되기 전에는 모성이 타고나는 것인 줄 알았다. 그러나 내 경험과 관찰에 의하면, 모성도 후천적 학습의 결과다. 이 시대는 모성도 부성도 자녀양육 방식도 양극화 시대다. 지나쳐서 넘치거나 극심하게 모자라거나 둘 중 하나인 것이다. 모성과 부성의 상실로 인한 방임과 학대가 사회 문제가 될 만큼 심각한가 하면, 지나친 보살핌과 애착을 넘어선 집착, 부모의 탐심에 의한 과잉 학습 등이 아이들을 노엽게 하고 병들게 하고 있다.

초보 엄마 시절, 나는 과잉보호에 애착을 넘어선 집착육아를 했다. 나의 엄마가 나한테 그랬듯이 대를 이어 과잉육아를 하고 있었던 것이다. 나는 그 사실이 두려웠고 아팠다. 내가 아닌 말씀을 따라 살고 싶었지만 삶의 자리로 돌아오면 여지없이 나로 살고 있었다. 한번 두려움이 몰려오면 아무리 마음을 단단히 먹고 결단을 해도 아이를 향한 과민한 보호 본능이 뚫고 나왔다. 누구보다 과잉보호를 받고 자란 아이들의 열등감을 잘 알기에 내 아이에게만큼은 그 전철을 밟게 하고 싶지 않았다. 하지만 마음뿐이었다. 하나님 말씀을 기준으로 자녀양육을 하기 위해 거듭 수정했으나 소용이 없었다. 무엇이 문제인지 답답했다.

내가 두려움에 시달렸듯이 우리 안에는 자기도 잘 모르는 각자의 병든 마음이 있다. 하나님은 이를 고치길 원하신다.

나를 불쌍히 여기신 하나님은, 아이가 건강해지고 유치원에 다니기 시작하면서부터 본격적으로 나 자신을 직면하도록 문제 상황 속으로 인도하셨다. 내 마음과 생각에 깊숙이 뿌리내린 마음의 병부터 발견하게 도와주셨다. 진단이 정확해야 치료법도 정확하다.

병든 자아상, 왜곡된 가치관, 부정적인 정체성, 훼손된 자존감이 속속 발견되기 시작했다. 그 시절, 내가 과잉육아를 거듭했던 근본 원인은, 무엇보다 죄책감과 두려움이 컸다.

만남 1

위기는
하나님의 은혜를 구하는
지름길이다

아무리 최선을 다해도 자녀가 사춘기가 되면, 어느 방향으로 튈지 전혀 예측이 안 되는 것이 자녀양육인 것 같다. 어릴 때는 너무 어려서 힘들었는데, 조금 크고 나면 컸다고 말을 안 듣고, 어느새 자라고 나면 다 자랐다고 대책도 잘 모르겠는 갖가지 위기를 불쑥불쑥 안겨 준다.

아이 때문에 하도 여러 차례 놀라는 일을 겪다 보니, 나는 위기를 만날 때마다 일단 심호흡을 한 뒤 하는 일이 있다. 재빨리 주님께 '이번에 주시는 위기는 또 어떤 축복이 기다리고 있나요?'라고 질문하는 것이다. 목회 현장도 그렇고 자녀양육도 그렇고 생각지도 못한 시점에 생각지도 못한 일들이 일어나지만, 그때마다 내 지혜로 대처하면 백전백패다. 하나님이 주시는 지혜를 구해야 다 같이 산다.

하나님은 어제나 오늘이나 전능하시다. 그러나 인간은 누구나 실패하고 실수한다. 부끄러움을 무릅쓰고 나의 탐심과 두려움, 이기심을 고백해야 다 같이 산다. 이것이 곧 이 시대가 앓고 있는 자녀교육의 병폐이기 때문이다. 그 병폐를 고치실 분은 오직 예수님 한 분밖에 없다.

자녀 문제는 모든 부모의 어려움이다

《엄마의 기준이 아이의 수준을 만든다》가 출간된 후에 곳곳에서 연락이 왔다. 많은 분들이 우리 가정의 이야기를 듣고 싶어 했다. 평생에 처음 쓴 책 한 권을 성령님이 사용하셨다. '주교양 양육법' 강의는 성령의 엔진이 장착된 듯 뻗어나가 날마다 새로운 일들을 일으켰다. 강의로, 방송으로, 해외로, 하나님은 책과 함께 나를 인도해 주셨다.

중학교 자퇴생이던 아들이 명문대 합격생이 되었다는 사실에 용기를 얻은 부모들이 내게 자녀 문제를 가지고 왔다. 우리 아들처럼 학교를 그만둔 자녀 때문에 속앓이를 하다가 전화를 건 엄마도 있고, 이메일로 상담을 하는 엄마도 있었다. 어떤 집은 부부가 직접 찾아오기도 했다. 내 강의를 듣고 나서 상담을 원하는 엄마도 있었다. 그만큼 자녀 문제는 모두의 어려움이었다. 성령님은 그렇게 이 시대의 마음 아픈 엄마들과 거의 날마다 만나도록 인도하셨다. 모두 성령님이 손을 맞잡고 기도하게 하시고 함께 예수님을 만나게 하신 소중한 분들이다.

그동안 만난 엄마들의 유형도 다양했다. 보자마자 눈물부터 흘리는 엄마가 있는가 하면, 이미 스스로 답을 알지만 아는 대로 행동하지 못하는 자신 때문에 아픈 엄마도 있었고, 자신의 얘기는 함구하고 오직 내가 가진 정보만 입수하려는 엄마도 있었다. 하지만 유형은 달라도 상담을 하다 보면 결국 같이 울게 되었다. 성령의 조명하심과 서로의 아픔이 남일 같지 않았기 때문이다.

지금도 생생하게 기억에 남는 엄마가 있다. 학교를 그만두고 공부하고는 담을 쌓고 살던 아이가 어느 날 마침내 공부해야겠다고 말하지만 막상 어디서부터 손을 대야 할지 막막해서 내게 연락을 한 것이다. 우리는 자녀가 중도에 학교를 그만뒀다는 한 가지 공통분모 때문에 금방 대화가 통했다.

"사모님, 아드님 얘기 듣고 전화 드렸어요. 우리 애도 학교를 그만뒀어요."

"네, 어머니. 많이 힘드시죠."

"제가 너무 막막해서요. 이젠 아이 때문에 우는 일도 지쳤고, 부부싸움도 지쳤어요. 더 이상 기도도 안 나와요."

"어머니, 저도 우리 애가 학교를 그만두었을 때 눈물만 났어요. 어디다 상의할 데도 없더라구요. 길에서 교복 입은 아이들만 봐도 눈물이 앞을 가렸어요."

"사모님, 우리 애는 중2 때부터 학교를 안 다니겠다고 해서 야단치고 때리고 별수를 다 썼는데요. 3년째 아이랑 실랑이만 하다가 결국 고1까지 다니고 그만뒀어요."

"아드님이 학교를 그만두겠다고 처음 말했을 때 이유가 뭐였나요?"

"…글쎄요. 실은 그 이유도 잘 모르겠어요. 학교를 그만 다니겠다는 말에 화가 나서 야단만 쳤죠. 지난 2년 동안 아들은 컴퓨터게임만 했어요. 그러는 동안 아들 친구들은 이제 모두 고3이 됐고요. 그런데 며칠 전 아들이 자기도 대학에 가고 싶다고 했어요. 그런데 어디서부터 어떻게 시작해야 할지 모르겠어요."

부모만 안 보이는 내 자녀의 성장통

아비들아 너희 자녀를 노엽게 하지 말지니 낙심할까 함이라 (골 3:21)

그 어머니와 대화하면서 흔히 부모와 자녀 간에 나타날 수 있는 문제를 보게 되었다. 먼저, 나를 포함한 많은 부모들이 자녀가 어느 날 갑자기 학교를 그만두겠다고 하면 그런 결심을 하기까지 어떤 고민을 했는지, 어떤 고통이 있었는지를 어설피 속단하고 자세히 묻지도 않는다는 사실이다. 어떻게든 설득해서 그 결심을 철회시킬 궁리만 한다. 그러니 당연히 감정적인 소모전만 지속되고, 결국 부모와 자녀의 관계만 악화될 뿐이다.

분노하는 부모에게는 아이들도 분노한다. 자녀의 고통을 이해하지 않으려는 부모는 자녀를 노엽게 한다. 부부가 서로 책임을 전가하느라 부부싸움을 할 때, 부모와 대화가 단절될 때도 자녀는 노엽다. 이렇게 자녀의 마음에 노여움이 쌓이고 또 쌓이면 사춘기에 이르러 그 노여움이 원망이 되고 절망이 된다.

부모는 자녀가 어릴 때부터 하나님의 시선으로 자녀 입장에서 그들의 고통을 보는 관점을 연습해야 한다. 그렇지 않으면, 가족 모두가 알 수 없는 고난의 폭풍우에 떠내려가게 된다. 자녀가 사춘기가 되면 부모는 중년이 된다. 이때 많은 가정의 문제들이 극명하게 불거진다. 점점 쌓인 고통이 극대화되었을 때 서로 분노하다가 세월만 보낼 수 있다. 사춘기 자녀가 때때로 보이는 이해할 수 없는 행동은 사실 아주 사소한 원인들과 과정과 증세들이 그동안 곳곳에 지뢰처럼 숨어 있다가 폭발했을 가능성이 많다. 그런데 이상한 것은 가족일수록 문제가 곪아 터지고 나서도 그 원인을 잘 모른다는 것이다. 지뢰가 숨어 있었는지조차 감지하지 못하는 경우가 많다.

아들이 자퇴했다는 어머니의 음성에는 아직도 자녀에 대한 원망과 분노가 가득 차 있었다.

"사모님, 저는 우리 아이가 학교를 그만두면 죽는 줄 알았어요."

"당연히 그런 생각이 들지요. 그런데 학교를 그만두는 아이들도 생각보다 여럿 있어요. 그만두는 이유도 가지가지구요. 저도 처음엔 펄펄 뛰고 반대했는데요, 아이의 말을 들어 보고 입장을 바꿔서 아이 편에서 생각해 보니까 그럴 수도 있겠더라구요. 먼저 아드님 입장에 서서 어머니와 가족이 이해하려고 노력하면서 대화를 시도하면 해결의 실마리가 보일 거예요."

"아니요. 저는 지금도 자꾸 화만 나요. 우리 집은 서로 화내느라 대화가 안 돼요."

"그럼요. 학교까지 그만두고 만날 집에서 게임만 하는 아들을 보면서 어떻게 화가 나지 않겠어요. 그런 일을 겪어 보지 않은 사람들은 절대 모르는 얘기죠. 문제는 아드님도 역시 화가 나고 우울해서 공부고 뭐고 다 그만둔 것일 수도 있다는 거예요. 어머니, 혹시 아이한테 한 번이라도 미안하다고 말해 본 적 있나요?"

"미안하긴요! 저 원수한테…. 지금도 욕밖에 나오지 않는데요."

"그러면 시간만 더 지체돼요. 가족 중에 한 사람이라도 아이의 말을 들어주고 화를 풀어 주고 믿어 주고 기다리는 일을 해야 해요. 엄마나 아빠가 자기 맘을 조금이라도 알아주면 아이들은 언젠가 공부해요. 공부는 그때 가서 도와주면 돼요. 아직 아이가 공부할 마음이 없는데 공부부터 문제 삼고 접근하면 아이는 부모에게 영원히 입을 닫아 버릴 수도 있어요. 어머니, 저도 함께 기도할게요. 주님의 도우심을 함께 구해요. 우리 집도 주님이 도와주시지 않았다면 방법이 없었을 거예요."

어머니는 주변에 말 잘 듣는 자녀를 둔 부모들하고는 말이 통하지 않는다면서 직접 만나 얘기를 더 나누자고 했다. 부족하지만 나의 경험이 도움이 된다면 백 번이라도 만날 일이었다.

하지만 나는 그 어머니를 직접 만나고 나서는 정작 하고 싶은 말을 하지 못했다. 어머니 자신이 너무 슬프고 분노하고 절망하는 폭풍을 지나고 있었기 때문이다. 욥의 친구들이 고난 중에 있는 욥을 더 힘들게 한 것처럼, 때로 옳은 말이 상대를 두 번 세 번 죽이는 일이 될 수 있다. 다만 그녀의 말을 들어주고 기도해 주고 하나님께 그녀의 문제를 올려 드리는 것이 내가 할 수 있는 전부였다.

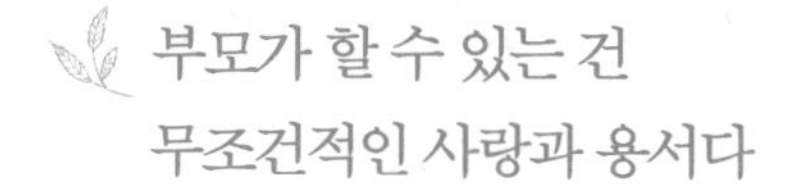

부모가 할 수 있는 건 무조건적인 사랑과 용서다

> 서로 친절하게 하며 불쌍히 여기며 서로 용서하기를 하나님이 그리스도 안에서 너희를 용서하심과 같이 하라 (엡 4:32)

학교를 그만둔 이유조차 잘 모르니 어머니와 아들 간에 생긴 단절의 벽은 높고 두터울 수밖에 없었다. 그날은 정작 하고 싶었던 말을 아끼며 마음속으로 삼켰지만, 여기서 풀어내 보려 한다.

"요즘 학교는 우리가 다니던 학교와 많이 달라요. 관점을 조금만 바꾸면 아드님의 입장을 이해하게 될 거예요. 그래도 아드님은 건강한 아이예요. 자기의사를 분명하게 표시하고 있으니까요. 어머니가 납득하기 어렵게 표현해서 그렇지 지금 아드님은 온몸으로 자신의 고통을 말하고 있어요. 하나님은 이런 과정을 통해 부모 된 우리가 하나님 아버지의 마음을 알아 가도록 도와주세요. 원망과 분노는 어느 누구한테도 도움이 안 돼요. 결국 관계만 악화될 뿐이죠. 어머니, 아무리 힘들어도 어머니가 먼저 아드님을 용서하셔야 해요."

용서는 힘 있는 자가 약한 자에게 해줄 수 있는 최상의 선물이다. 예수님은 일곱 번씩 일흔 번이라도 용서하라고 하셨다. 하물며 아무리 속을 썩였어도 내 자녀가 아닌가. 자퇴를 했든 퇴학을 맞았든 그보다 더 큰 문제를 일으켰든 먼저 부모가 용서해야 한다. 용서가 문제 해결의 열쇠이기 때문이다. 아직 홀로서기가 안 된 자녀는 부모에겐 영원히 약자다. 특히 사춘기에 진입한 자녀의 아픔과 고통 앞에서는 부모가 분을 내며 정죄하고 분석하고 판단해선 결코 안 된다. 무조건적인 용서와 사랑, 기다림만이 자녀를 고통에서 벗어나게 할 수 있다. 욥의 친구들이 고난 중에 있는 욥을 정죄하고 판단해서 얻은 것은 하나님의 진노뿐이었다. 서로를 향해 이를 드러내고 정죄하고 분노하고 원망하는 것은 전혀 도움이 되지 않는다. 차라리 아픔이 지나가도록 기도해 주며 잠잠히 곁에 있는 것이 옳다.

먼저 고침 받아야 할 사람은 자녀가 아니라 부모다

우리는 모두 죄 때문에 패배했지만, 예수님은 십자가에서 승리하셨다. 부모가 먼저 예수님께 순종하면, 자녀의 불순종이 뿌리째 뽑혀 나간다. 벼랑 끝에 내몰리고 잔치가 끝나 버린 듯한 빈 항아리 인생들이 예수 생명의 기적으로 차고 넘치기 시작한다. 물이 포도주로 변한 것처럼, 자녀들의 불순종과 어리석은 마음, 병든 자존감, 혼돈된 생각들이 성경적으로 질서를 잡아 축복의 그릇으로 자란다.

자녀는 부모의 소유물이 아니다. 부모와 자녀의 주인은 하나님이시다. 자녀양육의 과정은 부모의 병든 자아가 고침 받고, 새로운 피조물이 되어 자녀의 '성경적 자존감'까지 회복되는 은혜의 시간이다. 곳곳에 훼손된 우리 가정의 무너진 성벽들이 예수 그리스도의 생명으로 회복되는 시간이다.

거기 서른여덟 해 된 병자가 있더라 (요 5:5)

베데스다 연못가에 누워서 38년 동안이나 병 낫기를 구한 병자를 생각하면 마치 나를 보는 것 같다. 지난날 나는 마음의 병에 갇혀서 오랜 시간 생기를 잃은 채 습관대로 살았었다.

자녀는 애초부터 부모의 소유가 아니다. 자녀는 잠시 부모에게 맡긴 주님의 소유다. 부모는 그저 청지기일 뿐이다. 그렇기에 성장 중인 자녀가 부모인 나의 어깨를 딛고 세상으로 나아가도록 도와야 한다. 자녀에게 부모란 그런 존재다. 사춘기는 부모로부터 독립하고자 하는 욕구가 강해지고 '나는 누구인가'라는 자기 정체성을 고민하는 시기다. 그리고 이것은 아이에서 어른이 되기 위한 성장통이어서 반드시 필요하다.

자녀의 문제를 내어 놓았는데, 주님은 '가짜로 위장한 나'를 밝히 보여 주신다. 탐심으로 둘러싸인 내 마음을 보여 주시고, 열등감과 어리석음으로 눌린 '병든 나'를 보여 주신다. 그래서 생각도 못한 일로 자녀와 갈등하고 문제를 만난다면 그것이 바로 내가 주님 앞에서 해결해야 할 문제임을 기억하고 기도해야 한다. 주님께 문제를 내어 놓아야 한다. 그러면 주님은 부모의 상한 마음, 상한 자존심, 병든 자존감을 치유하고 회복하신다. 이때 비로소 우리는 자녀를 용서하게 된다. 자녀를 향한 분노와 원망 대신 나의 잘못을 회개하게 된다.

> 예수께서 들으시고 그들에게 이르시되 건강한 자에게는 의사가 쓸 데 없고 병든 자에게라야 쓸 데 있느니라 나는 의인을 부르러 온 것이 아니요 죄인을 부르러 왔노라 하시니라 (막 2:17)

내가 죄인임을 늘 인지하면 의사이신 예수님이 주목하시고 계속 고쳐 주신다. 예수님 앞에서 환자 생활과 죄인 생활을 해보면 안다. 머리카락 수도 다 헤아리시는 주님 앞에서 무엇을 숨긴들 숨겨지겠는가? 가리지 말고 숨기지 말고 의사이신 예수님 앞에서 나의 병과 죄를 먼저 직면하고 고백하고 도움을 청하는 게 지름길이다. 내가 고침받다 보면, 어느새 내 자녀와 남편까지 고쳐 주신다.

부모나 교사가 되어 보면 하나님의 마음을 조금이나마 이해하게 된다. 아이들로 인해 마음고생을 해본 부모나 교사는 하나님의 탄식을 이해하게 된다. '사람의 마음이 계획하는 바가 어려서부터 악하다'(창 8:21)고 한탄하시는 하나님의 마음도 이해하게 된다.

자녀의 병은 부모가 직접 고칠 수 없다. 예수님께 데리고 나가 고쳐 주시기를 청해야 한다. 그러기 위해 부모부터 예수님께 나아가야 한다. 숨지 말아야 한다. 수요예배와 금요예배와 새벽예배에 나와서 일단 앉아야 한다. 힘닿는 대로 최선을 다해 주님 앞에 예배자로 나와야 한다. 예배 시간은 하나님이 홀로 영광 받으시며 우리의 상한 심령을 주목하여 고쳐 주시는 시간이기 때문이다.

성경에는 부끄러운 인생들의 부끄러운 이야기들이 차고도 넘친다. 우리는 아무리 근사하게 포장해도 오십보백보의 죄인들이다. 에덴동산에서 하나님의 얼굴을 피해 숨어 있던 아담과 하와를 찾아오시던 주님은 오늘 우리를 향해 "네가 지금 어디 있느냐"고 찾고 부르신다. 반나절이면 시들어 버릴 무화과나무 잎을 엮어서 가린들 하나님을 어찌 피할 수 있겠는가. 주님은 부모인 나를 먼저 부르시고, 내 자녀를 부르시고, 나의 손자들을 부르신다. 나의 부끄러움과 두려움 때문에 자녀를 노엽게 하고, 죄를 대물림하고, 뼛속 깊이 상처를 새긴 것을 해결하시고자 주님은 오늘도 우리를 찾아오신다.

누구든지 문 밖에 서서 두드리시는 예수님의 음성을 듣고 마음 문을 열면 된다. 우리가 문을 열어야 예수님이 들어오신다. 예수님이 들어오신 인생은 예수님과 더불어 먹고 예수님과 함께 사는 인생이 된다(계 3:20).

부모 마음에 예수님이 들어오면 그때부터 자녀 마음도 변하기 시작한다. 문제는 부모다. 먼저 고침받아야 할 사람은 자녀가 아니라 부모다. 어려서부터 생각하고 계획하는 바가 악한 자녀 스스로는 이 문제를 해결할 길이 없다. 예수님이 마음에 들어와야 새사람이 될 수 있다.

만남 2

부모의 불안한 마음부터 다스리자

뜻하지 않게 미숙아 엄마가 되면서 내 마음을 이끌고 다닌 것은 믿음이 아니라 두려움이었다. 아무리 노력해도 아이가 자주 아팠다. 다니던 직장까지 그만두고 돌보는데도 아이에게 크고 작은 문제가 끊이지 않았다. 미숙아로 태어나서 다른 아기들보다 면역력이 약한 것은 알겠는데, 아주 사소한 일도 그냥 넘어가 주는 법이 없었다. 심지어 어느 여름날엔 단지 모기에 물렸을 뿐인데도 손등이 제 주먹보다 더 부풀어 올랐다. 아이는 넘어져도 유리창을 깨면서 넘어졌다. 아이도 나도 정말 조심스러운 성품인데, 도무지 왜 이런 병치레와 사고가 자꾸 일어나는지 설명할 수 없었다.

아이가 좀 건강해져서 직장에 다시 복귀하려고 하면, 여지없이 사소한 콧물감기가 폐렴이 되고 장염이 되어, 결국엔 입원과 퇴원을 반복했다. 임신했을 때는 생각도 못 해 본 아이의 건강 문제가 수시로 내 발목을 붙잡았다. 그럴수록 엄마로서 느끼는 자괴감과 두려움이 눈덩이처럼 불어났다.

남편은 결혼 1년 만에 해외 근무를 떠났고, 나는 남편이 출국한 지 보름 만에 미숙아를 낳았다. 그 후 3년 반이나 떨어져 살았다. 그렇기에 속 깊은 대화를 나눌 사람도 없었다.

마치 자녀양육은 절대로 내 뜻이나 계획대로 되지 않는다고 누군가 귀에 대고 큰 소리로 말하는 것 같았다. 당시 잡지사 기자였던 나는 결국 직장을 옮기기로 작정했다. 안방을 직장으로 삼고, 잡지사 편집실 대신 눈뜨면 집으로 출근하는 여자가 되기로 한 것이다. 오직 아이만 돌보기 위해 개인의 삶도 포기했다. 사실 결혼 전에는 내가 엄마가 되면 직장일도 육아도 모두 다 잘할 수 있을 것이라고 생각했는데, 그건 대단히 큰 오만이었고 오산이었다. 모든 게 역부족이었다.

아이는 수시로 아팠지만 하나님의 은혜로 무럭무럭 자라났다. 사실 아이가 계속 아프기만 했다면 모든 고통과 문제의 원인이 단지 아이의 건강 문제인 줄 알았을 것이다. 모든 원인을 환경에 돌리며, 아이가 아프니까 엄마로서 걱정하는 게 당연하고, 아이가 연약하니까 엄마로서 보호하는 게 당연하다고 생각했을 것이다. 그러나 내 아들은 비록 미숙아로 태어났고, 의료사고도 당했고, 전신마취 수술도 2번이나 했고, 7시간이나 잃어버려서 나를 공포에 떨게 했지만, 유치원에 들어갈 무렵부터는 언제 그렇게 병치레를 했냐는 듯이 모든 면에서 부쩍 자라 있었다.

시아버지의 당부대로 젖 먹일 때마다 기도한 결과는 놀라웠다. 당시에 믿음은 연약했지만, 세끼 밥 먹을 때마다, 밤에 잠을 재울 때마다, 아침에 깨울 때마다 "예수는 지혜와 키가 자라 가며 하나님과 사람에게 더욱 사랑스러워 가시더라"(눅 2:52)는 말씀을 붙들고 기도했다. 그러는 사이 아이는 건강도 유치원에 들어갈 만큼 완전히 회복되었고 또래보다 머리 하나는 더 차이가 날 만큼 키도 커 있었다. 지혜도 부쩍 자라서 어디서 그런 생각을 하는지 깜짝깜짝 놀라게 할 때가 많았다. 믿음도 잘 자랐다. 성경 그림책을 아주 좋아했고, 주일예배와 가정예배, 구역예배 시간이 되면 가장 신나 했다. 엄마는 믿음의 잠을 자고 있어도, 하나님은 아이를 믿음 안에서 키우고 계셨다.

정말 감사했다. 눈에 보이고 손에 잡히는 기쁨이었다. 그렇게 소망하던 아이의 건강을 선물로 받게 되었으니, 나는 이 세상에서 더 바랄 게 없는 가장 행복한 엄마임에 틀림없었다.

그런데 이상하게도 아이가 이미 건강을 완전히 회복했는데도 나는 늘 걱정이 앞서고 불안했다. 안전과 건강에 대한 지나친 염려가 늘 끊이지 않았다. 사실 나는 아이의 공부나 미래의 직업에 관해서는 별로 원하는 게 없었다. 아버지의 이른 죽음을 경험했기에, 이 세상의 명예나 성공이 다 거기서 거기라는 냉소적인 마음이 컸던 탓이다.

나는 그 시절 내 나름의 완벽보호, 철통보호, 밀착육아가 헌신적이며 사랑이 많은 엄마의 모습인 줄로 착각했다. 그 무렵 귀국한 남편은 이른 새벽이나 늦은 밤이면 그런 나의 모습을 지켜보았다. 내가 너무 아이를 끼고 돌면, 남편의 얼굴에는 여러 가지 복잡한 생각이 스쳐 지나가는 게 보였지만, 다행히 입 밖으로 나를 비난하거나 왜 그러느냐고 따지지는 않았다. 그냥 기다려 주는 것 같았다. 나는 그런 남편이 무심한 것 같아 서운했다. 하지만 남편이 줄곧 그런 태도를 보인 것은, 나의 양육 방식을 이해하지 못했기 때문이었음을 나중에야 알게 되었다.

내 마음의 걸림돌 찾기

내가 피곤하고 심히 상하였으매 마음이 불안하여 신음하나이다
(시 38:8)

아이가 점점 커 가면서 작은 염려와 걱정들이 생기면, 마음속의 생각들이 꼬리에 꼬리를 물고 커지다가 급기야는 산더미 같은 '두려움'이 몰려왔다. 특히 미숙아로 태어난 아이 때문에 지난 6년간 놀란 가슴은, 매사에 건강 염려증 환자가 되게 했다. 그 시절의 나는 예수님을 묵상하는 것이 아니라, 아이 문제, 건강 문제를 묵상하기에 바빴다. 아이가 조금만 열이 나도 허둥대고 당황했다. 아이가 내 눈앞에서 조금만 안 보여도 불안하고, 조금만 내 뜻대로 안 돼도 화가 치밀어 올랐다. 열등감, 분노, 이기심, 자기 사랑, 여러 가지 탐심, 부정적인 감정들이 계속 솟아났다.

믿음도 초보, 엄마로서도 초보였던 나는 불안, 걱정, 염려가 몰려들기 시작하면 부정적으로 생각하는 옛 습관이 되살아나서 스스로를 괴롭혔다. 낙심, 절망, 수치심, 죄책감, 자신감 결여, 자기비하, 병든 자존

감, 열등감, 우울감, 피해의식에 이르기까지, 자기 자신을 괴롭히는 나의 능력은 가히 놀라웠다. 그러다 조금만 형통해지면 교만한 마음이 올라왔다. 신앙과 불신앙 사이, 순종과 불순종 사이, 근심과 걱정 사이, 교만과 겸손 사이를 수시로 오갔으니, 성경에서 배운 말씀을 따라 아이를 양육하는 것은 아예 불가능해 보였다.

주일에 말씀을 들으면 그 말씀을 삶의 자리에서 반드시 실천하며 살리라 결심하지만, 막상 삶의 자리로 돌아가면, 순종하려고 결심한 바로 그 말씀 때문에 마음도 삶도 더 복잡해지는 것 같았다.

가령, 하나님이 싫어하시는 거짓말은 아무리 사소해도 결코 하지 않기로 결심하면, 그 주에 어처구니없는 거짓말을 순간적으로 했다. 마음을 너그럽게 가지고 화평케 하는 삶을 살기로 결단하면, 여지없이 불화를 일으켰다. 이런 일을 몇 번 반복하고 나면 그런 내 자신이 한심하고 절망스러워서 불필요한 감정 소모를 하게 되었다. 특히 자녀양육에서 말씀과 삶이 부딪치는 갈등은 나를 더 혼란으로 몰아넣었다. 교회 안에서는 믿음이 자란 것 같았는데 집에 돌아오면 영락없이 믿음 없는 엄마였다.

나는 사실 결혼 후에도 친정어머니에게 과잉보호를 받는 '마마걸'이었다. 결혼하면 자연스럽게 엄마로부터 독립할 줄 알았는데, 남편도 해외 근무 중이고 아이도 미숙아로 태어났으니, 엄마는 다시 내 곁에 붙어서 쥐면 꺼질까, 불면 날아갈까 노심초사하며 나와 아이를 돌봤다. 조금만 방심하면 병치레를 하니 워낙 헌신적이고 희생적인 친정어머니도 지극정성, 나도 엄마를 따라서 지극정성, 우리 모녀는 완벽한 콤

비가 되어 지극정성으로 아이를 돌봤다.

결혼했으나 정신적으로는 친정어머니로부터 조금도 독립하지 못한 성인아이였던 나는 아이만 아프면 엄마와 사사건건 부딪쳤다. 엄마가 누구보다 나를 위한다는 것도 알고, 걱정하는 말이 입에 배어서 그런 줄도 알지만, 엄마가 무심코 하는 부정적인 말들은 나를 분노하게 했다. 마음 저 깊은 곳에서부터 화가 치밀어 견딜 수가 없었다.

나는 어려서부터 부모 말을 거역한 적이 거의 없는 착한 딸이었다. 애어른처럼 엄마를 걱정하며 무척 말을 잘 듣는 딸이었다. 말대꾸 한 번 안 하고 자란 딸이 결혼한 뒤론 말끝마다 토를 달고 엄마를 가르치려 드니까 엄마로서도 당황스럽고 화가 나기는 마찬가지였다. 심지어 남편이 없으니 딸자식마저 자기를 무시한다고 생각하셨다. 단지 아이가 사소한 감기로 열이 올랐을 뿐인데도, 엄마와 나는 신경이 날카로워져서 서로를 향해 공격하기 바빴다. 엄마는 내가 평소에 잘 돌보지 못해 아이가 아프다고 핀잔했고, 나는 그 말에 화가 나서 발톱을 세우는 식이었다. 이렇게 대립하면서 나는 아직 일어나지도 않은 일들을 걱정했고, 그래서 내가 불행하다고 생각했다. 별것 아닌 일에도 한번 사로잡히기 시작하면 불안과 두려움이 걷잡을 수 없는 파도가 되어 나를 덮쳤다.

당시 내 모습을 돌아보면, 겉으론 예절 바르고, 친절하고, 명랑했지만, 속으론 부정적인 생각들과 사소한 분노로 자신을 괴롭히며 에너지를 소진하는 참 못난 사람이었다.

결혼해서 남편과 홀로서기를 도모하기보다 친정어머니와 남편과 아이 사이에서 아직 어른도 못 되고 그렇다고 아이도 아닌 어정쩡한 중간기를 보내고 있었다. 정말 우스운 고백이지만, 아이가 아프면 친정어머니의 걱정과 꾸지람이 더 걱정될 만큼 마음도 미성숙하고 심약한 상태였다.

이렇듯 나는 엄마가 되면서 처음 직면한 마음의 걸림돌이 '걱정과 두려움과 분노'였다. 마음 안에서 갈등이 심하게 일어나는 순간도 많았다. 그런 내가 비로소 마음까지 완전히 어른이 되고 예수님이 주시는 '참 평안'을 얻기까지는 정말 오랜 시간이 걸렸다.

내 마음은 견고한 두려움의 집

> 예수께서 즉시 손을 내밀어 그를 붙잡으시며 이르시되 믿음이 작은 자여 왜 의심하였느냐 하시고 (마 14:31)

첫아이가 처음 엄마랑 떨어져서 유치원에 가는 날은 아이보다 엄마가 더 들뜨게 마련이다. '아이가 유치원 생활을 잘 적응할까?', '친구들은 잘 사귈 수 있을까?' 하며 '설렘'은 곧 걱정으로 바뀌기 시작한다. 그렇게 작은 걱정들이 모이면 얼마 지나지 않아 커다란 '두려움'으로 몰려오기 시작한다. 불신앙적인 생각의 전형이다.

입술로는 내 인생도 자녀의 인생도 모두 하나님께 맡겼다고 했지만, 사실 나는 아무것도 맡길 수 없었다. 아니, 맡기는 게 무엇인지 정확하게 모르고 있었다. 해본 적이 없으니 알 길이 없었다. 하나님께 맡기는 것과 사람의 무책임이 구별되지 않았고, 믿음과 책임도 늘 혼동되었다.

나는 더구나 나쁜 미래에 대한 굳건한 믿음을 갖고 있었다. 그 당시 나는 습관적으로 좋은 일보다 나쁜 일을 예측했다. 습관적으로 부정적인 생각을 하고 부정적인 사건을 기대했다. 결정적으로 나쁜 일이 생기면 '거봐, 이럴 줄 알았어' 하는 식이었다. 여기에는 내 인생도 자녀의 인생도 심지어 남편의 인생까지도 모두 내가 책임져야 한다는 무거운 책임감이 한몫했다. 하나님께 맡기지 못하고 내가 다 끌어안고 있으니 그럴수록 두렵고 불안했다. 아이는 점점 자라 가는데, 가족 모두의 인생을 내가 책임져야 한다는 불가능한 책임감에 눌려서 내게선 도무지 담대함이라고는 찾아볼 수가 없었다.

서울에서 창원으로 이사 간 지 한 달 만에, 무려 7시간 동안이나 아이를 잃어버린 적이 있었다. 그때 아이를 찾겠다고 울고불고 길을 헤매고 다녔는데, 얼마나 걱정했는지, 한쪽 눈의 시력을 거의 잃어버리는 시력 장애까지 겪었다. 이후로 아이가 잠시만 눈앞에 보이지 않아도 순식간에 극도로 불안해지는 습관까지 생겼다. 아이는 편안하게 놀이터에서 놀고 있는데 잠시만 안 보여도 머릿속의 피가 한꺼번에 사라지는 것처럼 하얗게 질렸다. 이것은 아이가 내 키보다 훌쩍 클 때까지도 종종 그랬다. '트라우마'란 게 한 번 작동되면 건전한 생각도, 온전한 이성도 모두 마비시키는 모양이었다. 두려움은 내 인생의 흉악한 결박이었다.

> 내가 기억하기만 하여도 불안하고 두려움이 내 몸을 잡는구나
>
> (욥 21:6)

당시 나를 한마디로 설명하라면 '두려움 덩어리'일 것이다. 이 두려움은 결국 과잉보호와 집착이라는 병든 양육 방식으로 드러났다. 아이가 태어나는 순간부터 무려 6년 동안이나 성경 말씀을 기준으로 자녀를 양육하겠다고 거듭해서 결단했지만, 나는 예수님이 주신 참 평안도 경험하지 못했고, 두려움도 몰아내지 못했다.

그런데 문제는 이 두려움이 헌신적인 엄마의 모습으로 포장되었다는 사실이다. 당시를 돌아보면, 나는 언제 어디서든 아이 곁에 있었고 한시도 떨어져 있지 않았다. 은행도, 서점도 아이와 함께 갔다. 놀이터에 가도 거의 한순간도 시야에서 놓치지 않았다.

남들에게는 사랑이 너무 많은 엄마처럼 비칠 수 있지만, 사실은 병적인 집착일 뿐이었다. 어린 시절 친정엄마의 과잉보호를 싫어했으면서도, 막상 내가 엄마가 되고 보니 엄마보다 더 심하게 내 아들을 과잉보호하고 있었다. 이유는 단 하나, 두려움 때문이었다. '사랑 안에는 두려움이 없고, 온전한 사랑은 두려움을 내쫓는다(요일 4:18)'고 했지만, 그때까지 나는 온전한 사랑을 체험하지 못했던 것이다.

새 일이 들어와서 중간에 여러 번 직장에 나가기도 했지만 아이가 걱정되어 오래 다니지 못했다. 하나님은 새 일을 주셔서라도 나의 지나친 과잉과 집착에 브레이크를 걸고 싶으셨겠지만, 나는 번번이 육아에 전념하겠다고 직장을 뛰쳐나왔다.

나보다 육아 베테랑인 친정어머니에게 아이를 맡겨도 도무지 불안하고 일에 집중이 안 된 걸 보면, 정상에서 많이 비껴난 게 분명했다. 그럼에도 그것을 사랑이라고 믿었으니 내 안의 두려움은 이렇듯 다양한 얼굴로 자신을 위장했다. 아이를 유치원에 보내는 일도 차일피일 미루다 6세가 되고도 2학기가 되어서야 겨우 보낼 수 있었다. 그러면서 엄마가 하루 종일 함께 있는 것이 아이의 정서에 좋은 일이라고 합리화했다. 자기합리화는 이렇듯 자기와 직면하는 기회를 늦추거나 외면하게 만든다.

나의 육아 방식은 집착육아, 과잉보호

> 예수께서 들으시고 이르시되 건강한 자에게는 의사가 쓸 데 없고 병든 자에게라야 쓸 데 있느니라 (마 9:12)

무슨 일이든지 좌로나 우로나 치우치지 않아야 온전하고 건강한 법인데, 나는 사랑과 헌신과 정성이라는 이름의 탈을 쓰고 두려움을 감추기 위한 과잉보호를 반복했다. 그런데 더 큰 문제는 그 시절에는 그것을 절대로 과잉보호라고 생각하지 않았다는 데 있었다.

그러던 어느날 과잉보호하는 나의 모습이 부끄럽다고 느꼈다. 내 마음속에 숨어 있던 '심각한 두려움'과 직면한 것이다. 아이가 다니는 유치원은 우리 집 바로 옆 동에 있었다. 아이가 유치원에 가기 위해 집을 나서는 아침이면 진풍경이 벌어졌다. 아이가 현관 앞에서 성경 말씀을 외우고 기도한 뒤에 집을 나서면 나는 창문 앞에 바짝 붙어 서서 아파트 현관 밖으로 아이가 나타날 때까지 마음을 졸이며 지켜보았다. 여기까지는 어느 엄마나 할 수 있는 행동이었다. 그런데 문제는 다음부터였다. 아이가 골목 어귀를 돌 때까지 열심히 손을 흔들어 주다가 아이가 눈에서 보이지 않는 순간 나도 모르게 집을 뛰쳐나갔다. 그리고 아이를 잃어버리기나 한 것처럼 황급히 이미 유치원 안으로 사라진 아이를 쫓아갔다. 기도도 하고 말씀도 함께 암송해 놓고는 날마다 유치원에 몰래 따라가서 현관 입구 신발장에 놓인 아이의 신발과 이름표를 확인하고서야 겨우 안심하고 돌아왔다.

유치원에 입학하고 잠시 며칠은 그럴 수 있다지만, 하루도 빠지지 않고 매일 그랬다면 그것은 병이었다. 이때 내가 지나치다고, 그런 내가 부끄럽다고 느꼈다. 하지만 한번 두려움이 몰려오면 나 자신을 제어할 수 없었다. '두려움'에 중독되어 과잉보호의 행동으로 점점 치달았다.

남편은 아침에 출근해서 저녁에 돌아오니 나의 이런 모습을 알지 못했다. 유치원 선생님이나 아이 역시 내가 날마다 자기를 뒤따라가서 신발장에 놓인 신발을 보고 안심한 후 돌아온다는 사실을 알지 못했다. 이건 정말 하나님과 나만 아는 육아 질병이며 과잉 행동이었다.

문제 속의 나와 직면하기

> 하나님이여 내 속에 정한 마음을 창조하시고 내 안에 정직한 영을 새롭게 하소서 (시 51:10)

문제없는 인생은 없다. 그런데 문제보다 더 큰 문제는 인생에서 반복적으로 나타나고 있는 자신의 문제를 외면하는 일이다. 문제 속의 나와 직면하는 일은 하나님의 은혜였다. 내 문제는 지나친 두려움과 안전에 대한 극심한 불안과 염려에 있었다. 늘 아이의 안전과 건강에 대한 염려로 전전긍긍하던 나는, 이번에는 하나님에 대한 믿음까지 한꺼번에 흔들리는 큰 사건을 만나게 되었다.

남편이 심장병에 걸린 것이다. 건강검진을 하다가 의심되어 몇 가지 검사를 한 결과 남편의 병명이 '확장성 심근증'으로 판명되었다. 37세밖에 안 된 남편이 70대의 심장 기능밖에 없다니 기가 막혔다.

그동안 늘 두려워했던 모든 나쁜 일들에 대한 예측이 또다시 적중한 것 같았다. 좋은 일보다는 나쁜 일을 기대하는 마음의 문제가, 이렇게 확실한 두려움의 증거로 나타난 것 같았다.

'거봐라, 내가 이럴 줄 알았지. 내 인생이 이렇게 꼬일 줄 알았지. 이제 겨우 아이가 건강해지니까 이번에는 남편이라니. 내 인생은 뭐가 잘못돼도 단단히 잘못된 거야!'

처음에는 아픈 남편을 위로하고 걱정하고 안타까워했지만, 병이 길어지자 공연히 남편도 원망스럽고 하나님도 원망스러웠다.

'내가 무슨 잘못을 그렇게 많이 했다고, 왜 나한테만 이런 고난을 자꾸 주시는 걸까? 친정아버지가 일찍 돌아가신 것도 기가 막힌데, 이번에는 남편까지 아프다니! 정말 내 인생은 너무 힘이 드는구나!'

그렇게 원망과 억울함으로 마음의 밑바닥까지 건드려지는 파문이 한번 일어나면, 다음 순간엔 죄책감이 몰려왔다. 사소한 일로도 마음이 건드려지면, 숨어 있던 쓴물들이 여과 없이 올라왔다. 이 무렵 나는 물만 먹어도 체하는 위 무력증으로 거의 6개월 이상 병원 치료를 받아야 했다. 좁디 좁은 마음의 병이 깊어지자 몸에서도 신경성 위염과 위 무력증이 떠날 줄 몰랐다.

새들백교회의 릭 워렌 목사님은《목적이 이끄는 삶》에서 하나님을 믿음에도 두려움에 이끌려 살아가는 이유를 다음과 같이 설명한다.

"두려움이란 매우 충격적인 경험, 비현실적인 기대 그리고 엄격한 가정환경으로 인해 생길 수도 있고, 또 유전적인 요인으로 생길 수도 있다. 그 원인에 상관없이 두려움에 이끌려 사는 사람들은 종종 좋은 기회를 놓친다. 이는 그들이 모험을 두려워하기 때문이다. 대신 그들은 안전한 방향으로, 위험을 피하고 현 상태를 유지하려고 한다. 두려움은 스스로를 가둬 놓는 감옥이라고 말할 수 있다. 그 감옥은 우리가 하나님이 원하시는 사람이 되는 것을 막을 것이다. 그러므로 우리는 믿음과 사랑이라는 무기로 반드시 맞서 싸워야 한다."

누구나 자신의 인생을 돌아보면 매우 충격적인 경험을 기억해 낼 수 있을 것이다. 그것을 메모하고 기록하면 자신이 객관화되어 보이기 시작한다. 기록은 자기성찰을 보다 객관적으로 할 수 있도록 돕는 효과가 있다. 마음속으로 생각하는 것보다는 그 생각을 종이에 써 보면 훨씬 내 마음의 문제가 잘 보인다. 후회나 원망으로 빠지지 않고, 의사가 환자를 진단하듯이 나 자신을 말씀의 거울에 비추어서 진단할 수 있다. 자기성찰과 후회는 다르다. 자기성찰은 자기비하가 아니다. 마음의 회복과 치유는 용기 있게 자신의 모습과 직면해야 일어난다. 괴롭더라도 하나님께 정직한 영을 주시고, 회개의 영을 부어 달라고 간구하면서 내 모습을 직면해야 고쳐진다.

릭 워렌 목사님의 진단에 비추어서 나를 관찰해 보니 다음과 같은 일들이 생각났다.

첫째, 매우 충격적인 경험: 내 일생에서 처음 만났던 충격은 가난과 질병이었다. 중학교 때 학교에서 돌아와 보니, 텔레비전, 피아노, 전화, 장롱 곳곳에 빨간 딱지가 붙어 있었다. 세상물정에 어두운 아버지가 보증을 잘못 서는 바람에 가족 모두가 거리로 나앉게 생긴 것이다. 그 일로 아버지는 내가 고등학교 때 위암에 걸려서 3년여 투병생활을 하다가 돌아가셨다. 갑작스런 경제적 몰락과 아버지의 이른 죽음이 나의 원가정에게서 받은 충격적인 경험이었다. 내가 엄마가 된 후의 충격은 갑자기 미숙아를 출산해서 아이의 잦은 병치레를 수발한 일이었다. 아이가 초등학교에 들어갈 무렵에는 남편까지 심장병 환자가 되었으니, 내게 가난, 질병, 가족의 죽음은 공포였다.

둘째, 비현실적인 기대: 사실 이 말은 내게는 별로 해당되지 않는다. 나는 지나치게 현실적인 사람인 게 오히려 문제다. 아버지는 오직 자신의 꿈을 따라 사셨던 분이다. 그래서 나는 꿈이 너무 원대하거나 현실감각이 없는 사람은 싫어했다. 그리고 아버지 덕분에 비전과 헛된 망상을 본능적으로 구분할 수 있었다. 송충이가 솔잎을 먹고 살아야 하고, 이룰 수 없는 꿈은 아예 꾸지도 말아야 한다는 게 내가 하나님을 믿기 전에 굳게 믿은 지론이었다. 그래서인지 한동안 꿈쟁이 요셉이 나는 불편했다.

셋째, 엄격한 가정환경: 이건 내 경우에 반만 해당된다. 아버지는 내게는 한없이 관대한, 요즘 말로 하면 딸바보였다. 딸인 내게는 넘치게 사랑을 베푸신 반면, 아들들에게는 아주 엄격하셨다. 반대로 엄마는 딸인 내게는 엄했고 아들들에겐 관대하셨다. 하지만 엄마는 워낙 헌신적인 분이라 그다지 엄격하다고 할 수 없었다.

넷째, 유전적인 요인: 생각해 보니 젊은 시절의 엄마는 겁이 많았다. 삼남매 중에 내가 가장 많이 엄마의 두려움을 물려받은 것 같았다. 엄마는 내가 어렸을 때 무슨 일이든 조심시키셨다. 교통사고 날까 봐 자전거를 못 타게 했고, 물에 빠질까 봐 수영을 못하게 하셨다. 유괴당할까 봐 혼자 못 나가게 했고, 위험한 물건은 만지지도 못하게 하셨다. 그런 탓에 나는 또래 친구들보다 여러 가지로 무능했다. 과일 깎기도 늦게 배웠고, 운전을 배울 때도 위험하니까 조심하라는 엄마의 잔소리를 거듭 들어야 했다.

신기하고 감사한 일은 그렇게 겁이 많던 엄마는 나와 함께 교회에 다니기 시작하더니 지금은 얼마나 담대한 인생을 사시는지 모른다. 엄마는 며느리들 사이에서 시어머니의 롤모델로 통한다. 겁이 많던 엄마는 나를 과잉보호하셨지만, 예수 믿고 치유를 받은 뒤 마음의 평안을 얻고 나서 며느리를 들이신 덕분에 며느리들은 엄마를 최고의 시어머니로 여기는 것이다. 딸인 나는 그 시절 친정엄마를 마음속으로 힘들어 했지만 말이다.

하나님은 아무리 나이가 많은 사람이라도 말씀과 기도로 병든 마음까지 확실히 고쳐 주신다. 엄마는 교회에 처음 나온 날부터 지금까지 새벽예배를 비롯한 각종 예배를 드리며 성경공부와 봉사를 하고 계시다. 오랜 세월 두려움 때문에 씨름한 나와 달리 예수님의 마음을 닮아가고 있다. 이처럼 예수님은 우리가 문제라고 알아차리지도 못한 부분까지 세밀하게 고쳐 주시는 분이다.

나는 교회를 다닌 지 거의 10년 만에 예수님을 인격적으로 영접했다. 아이가 유치원에 가면서 분리불안과 새로운 두려움에 떨던 시절이 바로 예수님을 진짜로 만난 시점이다. 그즈음 가정사역자인 이기복 선생님께 일대일 성경공부를 배웠는데, 말씀으로 만난 예수님은 하나하나 드러나는 내 마음의 환부를 어루만져 주셨다. 죄로 인해 상하고 포로된 옛 마음을 새 마음으로 고치셨다. 아픈 아이 때문에 근심하고, 여러 가지 인간관계 때문에 피를 흘리던 상한 마음을 보혈로 싸매시고 치료해 주셨다. 수술대에 오른 환자처럼 무섭고 힘든 순간도 많았지만, 아이와 함께 말씀을 암송하고, 예수님을 자꾸 생각하고 바라보면서 차츰 마음의 평강이 찾아오기 시작했다.

부모가 먼저 예수님께 순종하면,

자녀의 불순종이 뿌리째 뽑혀 나간다.

물이 포도주로 변한 것처럼,

자녀들의 불순종과 어리석은 마음,

병든 자존감, 혼돈된 생각들이

성경적으로 질서를 잡아 축복의 그릇으로 자란다.

부모와 자녀,
우리는
모두 공사 중이다

위장된 상한 마음

자존감은 '내가 나 자신에 대해 어떻게 생각하며 어떤 감정을 갖는가?'에 대한 것이다. 문제는 우리 자신을 비쳐야 하는 마음의 거울이 이미 죄로 인해 금이 가고 깨진 상태라는 것이다. 상한 마음은 바로 이 깨진 거울로 바라볼 수밖에 없는 깨진 마음이다. 이미 파산한 마음, 깨진 마음, 하나님으로부터 모든 것을 상실한 마음을 직면하려니 우리는 병들고 왜곡된 자신의 모습을 보는 게 고통스럽고 싫다. 그래서 지나친 공부, 지나친 일, 성공에 대한 집착, 과도한 취미, 힘에 대한 환상, 과한 성형수술, 좋은 집과 좋은 옷 등 끝없는 소유욕, 과시욕, 각종 중독 등으로 자신을 감추고 포장한다. 인류의 역사는 하나님 형상으로 회복되는 길이 아닌 인간의 죄된 모습을 포장하고 은폐하는 길로 나아왔다.

인간이 최초로 만든 나뭇잎 옷은 오늘날의 화려한 의류 복식사를 낳았고, 동생 아벨을 죽인 가인이 부모를 떠나 시작한 도시생활은 방향을 잃은 채 바쁘기만 한 현대인을 낳았다. 이렇듯 하나님을 떠난 인류가 추구하는 모든 것의 끝은 허무이며 고통과 절망이다.

우리는 나의 문제와 영, 혼, 몸의 질병을 하나님께 들켜야 한다. 그래야 나의 진짜 모습을 인정할 수 있다. 나는 내가 날 때부터 죄인임을 인정하기까지 너무나 오랫동안 고통스런 시간을 보내야 했다. 과잉육아는 내 안에 깊이 깃든 불안, 두려움, 열등감, 자기비하, 불신앙을 위장한 것이었다. 가족에 대한 지나친 헌신은 남편과 자녀의 성공 위에 내 숟가락 하나 얹어 내 이름을 높이려는 탐심을 위장한 것이었다.

나는 우상숭배자였다. 나의 우상은 바로 나 자신이었다. 나는 하나님보다 나를 너무 사랑했다. 그 이기심 때문에 완벽주의와 자존심과 열등감에 질질 끌려다니고, 작은 실수나 실패에도 지나치게 연연해서 자신을 용서하지 못하고 미워했다. 결혼해서는 내 남편이라서 사랑하고, 내 아들이니까 극진히 보살폈다. 그렇게 하면 우리 가정은 정말 행복할 것이라고 굳게 믿었다. 하지만 남편이 심장병에 걸리더니 직장을 그만두고 교회를 개척하고 심지어 아들이 중학교를 자퇴하면서 나의 신념과 꿈은 산산이 무너졌다.

그런데 믿음의 눈으로 보면 이 일련의 모든 일은 하나님의 은혜였다. 내가 계획한 대로 하나도 이뤄지지 않게 하신 것은, 인생의 주인이 내가 아님을 깨닫게 하려는 하나님의 계획이었다. 그런 실패와 좌절을 겪지 못했다면, 영원히 하나님 사랑이 내가 살아갈 이유라는 것을 깨닫지 못했을지도 모른다. 하나님은 내 인생의 주인이 하나님임을 인정하게 하기 위해 그와 같은 연단을 겪게 하신 것이다. 그런 의미에서 남편과 아들을 통한 고난은 내 인생의 주인이 바뀌는 것을 체험하게 하신 매우 특별한 신앙훈련이었다. 오직 예수님을 믿는 믿음으로 세우기 위해 반드시 통과해야 했던 신앙의 레벨 테스트였다.

그동안 나는 겉으로는 하나님을 나의 주로 고백하고 신앙생활을 열심히 했지만, 사실 그 열심은 하나님의 힘을 빌려 남편과 아들을 성공시키려는 탐심이었음을 알았다. 마치 바알 신을 섬기는 이방인들처럼 돈도 많이 벌어 오게 하고, 세상 명예도 갖게 하고, 그들 덕에 인생의 전리품을 얻어서 나의 숨은 열등감과 병든 자존감을 포장하고 싶어 했다. 그러나 하나님은 나를 사랑하시기에 나의 무의식적인 이 치밀한 마음의 계획을 여지없이 드러나게 하셨다.

자존감이 '자기가 자신에 대해 어떻게 생각하고 느끼는가?'에 대한 기본적인 인간의 감정이라면, 열등감은 '다른 사람이 나를 어떻게 평가하는가에 따라서 내 기분이 좌지우지되고, 타인과 끝없이 비교하면서 자신을 평가하는 마음'이다. 하나님은 바로 이 숨어 있던 열등감과 병든 자존감의 문제를 아들과 남편의 문제를 통해서 직면하게 하셨던 것이다.

인생에 가장 필요한 건 마음의 기초공사다

나는 아이를 낳고 기르면서 너무 고통스러울 때면 남편이 목사가 되기 전 현장소장으로 일하던 공사 현장을 떠올리며 새 힘을 내곤 했다. 지금은 너무 힘들고 지쳐도 인생의 기초공사를 착실하게 하는 중이라고, 이 기간이 지나면 마침내 아름다운 생명을 지닌 존재로 태어날 거라고 스스로 위로한 것이다.

'기도하면서 기다리자. 건물의 규모가 클수록 기초공사 기간이 지루하게 길었던 일을 기억하자. 당장은 아무런 성과가 없어 보여도 우리 가정이 성장 중인 이 시절은 하나님께서 지어 주시는 인생의 기초공사 기간임을 잊지 말자'고 스스로 다짐했다.

남편은 목회자가 되기 전에 19년 8개월이나 건설회사에 다녔다. 해외 현장뿐 아니라 국내에서도 규모가 매우 큰 건축물의 현장소장도 여러 번 했다. 남편은 새로운 공사를 맡을 때마다 양보하지 않는 원칙이 있었다. 바로 첫째도 안전이요, 둘째도 안전이요, 셋째도 안전이었다. 나 또한 신혼 때부터 남편에게 부탁한 말이 하나 있었다.

"여보, 나는 당신 월급만 있으면 그것으로 충분하고 고마워요. 혹시라도 아내를 기쁘게 해주려고 벽돌 한 장 값이라도 저를 갖다 줘서는 안 돼요. 하나님이 허락하신 당신 월급만 있으면 돼요. 절대로 부실공사하면 안 돼요."

이 세상에 공돈 싫어하는 아내가 어디 있겠는가? 그러나 나는 혹시라도 우리 부부가 땀 흘리지 않은 눈먼 돈을 탐내서는 절대로 안 된다고 생각했다. 당시는 건설 경기가 호황을 누리던 때라 마음만 먹으면 얼마든지 눈먼 돈을, 그것도 제법 큰돈을 만질 수 있었다. 하지만 지금도 그렇지만 뉴스를 장식하는 많은 사건들이 남의 돈을 땀 흘리지 않고 차지하려는 탐심에서 비롯된 것들이다. 잔머리를 쓰거나 잔꾀를 쓰는 인생은 피폐해진다. 돈, 시간, 노력이 필요한 중요한 일일수록 원칙대로 하는 것이 최선의 길이다.

잔꾀가 통하지 않는 것이 건설 현장이다. 미련할 만큼 우직하게 모든 안전수칙을 지키고 점검해야 안전사고가 나지 않는다. 벽돌 한 장, 시멘트 한 부대를 빼내어도 반드시 나중에 큰 대가를 치르게 되어 있다. 그야말로 모든 현장은 심은 대로 정직하게 거두는 곳이다.

공사 기간은 땅을 측량하고, 설계도면을 완성하고, 시공을 위한 모든 실측 계산을 마친 후에 결정된다. 모든 공사는 땅파기부터 시작한다. 건물의 규모가 크고 건축 비용이 높을수록 황량하고 거대한 구덩이가 파헤쳐지는 시간이 오래 이어진다. 그 위에 골조 공사와 설비 공사 등이 먼지와 소음을 동반하며 진행된다. 여기까지만 생각하면 건설 현장은 건축미라든지 아름다움과는 거리가 먼 풍경이다. 오히려 통행에 불편을 주고 위험하며 소음이 진동하는 불편한 장소다.

설계도면과 건설 공정에 따라 지루하리만큼 기나긴 기초공사를 마무리하면, 마침내 건물의 골격이 드러난다. 사실 일반인들에게는 어느 날 못 보던 건물이 우뚝 서게 된 것 같은 착각을 일으키지만, 건물 하나가 완성되려면 이와 같은 모든 공정을 안전하고 빠짐없이 차근차근 진행해야 한다. 공사비가 클수록 수많은 사람과 장비가 동원된다. 아무리 세계적인 건축가가 설계를 하고, 세계적인 건설회사가 시공을 맡아도, 막상 공사가 시작되면 미처 예측하지 못한 날씨 변화로 애를 먹고 여러 가지 불상사가 일어나 여러 번 공사가 중단되기도 한다. 건물 외벽에 색을 입히고 조경을 하고 인테리어를 하는 것은 가장 나중에, 그것도 가장 빠른 시간에 이뤄진다. 그러고 나면 건물은 비로소 아름다운 자태를 뽐내며 우뚝 서게 된다.

비록 파헤쳐지는 기간이 길고 황량하고 아플지라도 부모인 나의 문제를 직시하고 기초공사를 먼저 하자. 그리고 자녀 마음에도 기초공사를 해주자. 자녀양육에 관한 설계도면은 성경이다. 성경의 원리대로 안전을 지키고 성경이 말씀하시는 대로 따라가면 인생은 하나님이 설계하고 디자인하신 대로 완성된다. 그것이 우리를 창조하신 하나님의 약속이며 섭리다. 모든 공사가 설계도대로 차근히 진행하면 반드시 완공되듯이, 우리 인생도 묵묵히 하나님만 믿고 따라가면 완공되는 날이 온다. 비록 내 생각과 다르고 옆 건물과 다른 설계도를 받은 것 같아도 비교하지 말고 서두르지 말고 기본에 충실하자.

말씀에 부모의 마음을 단단히 묶고 또 묶자

> [38] 시험에 들지 않게 깨어 있어 기도하라 마음에는 원이로되 육신이 약하도다 하시고 [39] 다시 나아가 동일한 말씀으로 기도하시고
>
> (막 14:38-39)

나는 의심쟁이였다. 도무지 정한 마음이 안 생겼다. 겉믿음은 자라는 듯 보였지만, 잎만 무성한 나무였을 뿐이다. 믿음의 나무뿌리에 도끼가 놓여 있는 상태였다. 하나님을 믿고 많은 은혜와 축복을 받았는데도 조금만 상황이 나빠지거나 내 뜻대로 안 되면 하나님을 의심했다. 37세의 젊은 나이에 확장성 심근증이 발견된 남편이 직장을 그만두고 신학교에 들어가는 과정에서, 내가 가장 부러워했던 성경 속 인물은 데마였다.

> 데마는 이 세상을 사랑하여 나를 버리고 데살로니가로 갔고 그레스게는 갈라디아로, 디도는 달마디아로 갔고 (딤후 4:10)

나는 끝까지 바울과 함께한 마가와 누가보다, 세상을 사랑해서 제 갈 길로 떠나 버린 데마가 너무나 부러웠다. 부끄럽지만 할 수 없었다. 착한 사람, 순종하는 사람, 하나님이 기뻐하는 사람이 되기 싫은 반항심이 부글부글 올라오면, 데마가 너무나 부러워서 통곡했다. 데마처럼 남편도 예수님도 모두 박차고 떠나고 싶은데 차마 못 가서 울었고, 또 머물자니 너무 떠나고 싶어서 울었다. 집안 청소를 하다가도 절망과 억울함과 두려움이 마음속에서 솟구치면, 방바닥에 주저앉아 어린아이처럼 발을 구르며 엉엉 울었다.

서신서를 보면 바울이 데마를 자랑스러워했음을 알 수 있다(골 4:14; 몬 1:24). 하지만 기대했던 대로 일이 진행되지 않고 오히려 바울이 감옥에 갇히고 말자, 데마는 바울을 버리고 데살로니가로 떠나 버렸다. 시작할 때는 바울에게도 자랑거리요 하나님께도 기쁨이 되는 삶이었으나, 고난이 닥치자 마침내 떠난 것이다. 지금도 이 세상에는 수많은 이유로 주님을 떠나고 교회를 떠나고 가정까지 떠난 데마들이 존재한다.

물론 나는 다행히 집 밖이나 교회 밖으로 단 한 발짝도 나가지 않았다. 남편과 아이를 떠나지도 않았고, 교회를 버리지도 않았다. 비록 내 마음은 찢겨서 바다에 가라앉은 난파선처럼 초라했지만, 나는 말씀에 마음의 밧줄을 내리고 피하고 싶은 내 삶과 기도의 자리에 나를 묶고 또 묶었다. 꾸역꾸역 빨래를 하고, 무작정 청소를 하고, 세끼 식사를 한 끼도 거르지 않으며 밥을 하고 또 했다.

울다가 잠을 자고, 다시 일어나서 새벽기도 가고, 밥하고 설거지를 하고, 다시 반찬을 만들고, 누구 하나 알아주지 않는 집안일에 나를 묶고 또 묶었다. 예배 시간에 나를 묶고, 말씀에 나를 묶었다. 기도가 전혀 되지 않았지만, 그냥 기도의 자리에 앉아 있었다. 마음을 어디에 둬야 할지 갈피를 잡을 수 없었지만, 모든 일상 가운데 내 몸과 마음을 단단히 묶고 또 묶었다.

[1] 이는 곧 너희의 하나님 여호와께서 너희에게 가르치라고 명하신 명령과 규례와 법도라 너희가 건너가서 차지할 땅에서 행할 것이니 [2] 곧 너와 네 아들과 네 손자들이 평생에 네 하나님 여호와를 경외하며 내가 너희에게 명한 그 모든 규례와 명령을 지키게 하기 위한 것이며 또 네 날을 장구하게 하기 위한 것이라 [3] 이스라엘아 듣고 삼가 그것을 행하라 그리하면 네가 복을 받고 네 조상들의 하나님 여호와께서 네게 허락하심 같이 젖과 꿀이 흐르는 땅에서 네가 크게 번

성하리라 [4] 이스라엘아 들으라 우리 하나님 여호와는 오직 유일한 여호와이시니 [5] 너는 마음을 다하고 뜻을 다하고 힘을 다하여 네 하나님 여호와를 사랑하라 [6] 오늘 내가 네게 명하는 이 말씀을 너는 마음에 새기고 [7] 네 자녀에게 부지런히 가르치며 집에 앉았을 때에든지 길을 갈 때에든지 누워 있을 때에든지 일어날 때에든지 이 말씀을 강론할 것이며 [8] 너는 또 그것을 네 손목에 매어 기호를 삼으며 네 미간에 붙여 표로 삼고 [9] 또 네 집 문설주와 바깥 문에 기록할지니라 (신 6:1-9)

나는 신명기 6장 말씀을 그대로 따라 하다가 나도 몰랐던 새로운 인생을 살게 되었다. 믿고 따라 해 보면 누구나 안다.

다음은 내가 마침내 치유되고 회복되기까지 하나님께서 주셨던 은혜의 말씀과 기도다. 오랜 시간 마음속에서 솟아나던 '두려움', '억울함', '피하고 싶은 마음'들과 싸울 때마다, 마음을 단단히 말씀에 묶고 기도에 또 묶으면서 살아나게 했던 생명의 말씀들이다.

억울할 때

그런즉 여호와께서 재판장이 되어 나와 왕 사이에 심판하사 나의 사정을 살펴 억울함을 풀어 주시고 나를 왕의 손에서 건지시기를 원하나이다 하니라 (삼상 24:15)

여호와여 나의 억울함을 보셨사오니 나를 위하여 원통함을 풀어주옵소서 (애 3:59)

두려울 때

> 내가 여호와께 간구하매 내게 응답하시고 내 모든 두려움에서 나를 건지셨도다 (시 34:4)
>
> 사람을 두려워하면 올무에 걸리게 되거니와 여호와를 의지하는 자는 안전하리라 (잠 29:15)
>
> 오직 내 말을 듣는 자는 평안히 살며 재앙의 두려움이 없이 안전하리라 (잠 1:33)
>
> 두려워하지 말라 내가 너와 함께 함이라 놀라지 말라 나는 네 하나님이 됨이라 내가 너를 굳세게 하리라 참으로 너를 도와 주리라 참으로 나의 의로운 오른손으로 너를 붙들리라 (사 41:10)
>
> 너희에게는 심지어 머리털까지도 다 세신 바 되었나니 두려워하지 말라 너희는 많은 참새보다 더 귀하니라 (눅 12:7)

두려운 마음이 들거나 억울한 생각이 들 때면, 한 말씀씩 암송하며 억울함을 호소했다. 하지만 아무것도 느껴지지 않을 때가 훨씬 많았다. 그러나 하나님이 내 느낌에 따라 있기도 하고 없기도 한 분이 아니라는 사실을 잊지 않았다. 지구가 성실하게 태양 주위를 돌듯이, 기도가 안 되도 그냥 기도의 자리를 지키고, 말씀이 손에 안 잡혀도 그냥 말씀을 믿으며 예배의 자리를 무한반복해서 돌다 보면, 어느 날부터 기적이 체험된다. 순종해 보면, 말씀이 왜 능력인지 체험하게 된다. 말씀은 살아 계신 하나님의 약속이다. 말씀을 그대로 믿고 따라 하는 일이 바로 순종이다. 말씀 순종이 바로 그리스도인들의 의(옳음, 義)다. 인간의 옳음은 시대와 문화와 개인의 기준에 따라 틀리지만 하나님의 옳음은 모든 인간에게 영원히 같은 진리다.

믿음이 생기지 않고, 두렵고 화가 날 때 이렇게 기도했다. 주님은 모두 응답해 주셨다.

"하나님, 저는 자꾸 두렵습니다. 하나님, 저는 자꾸 화가 나고 억울한 마음이 듭니다. 저를 불쌍히 여겨 주시고, 이 두려움과 억울함과 화남에서 저를 구원해 주시옵소서. 하나님, 저에게는 지금까지 살아오면서 경험했던 충격적인 일들이 많습니다. 너무 놀라서 그 당시에는 제대로 울지도 못했던 어려움도 많습니다. 아버지가 돌아가셨을 때도 저는 거의 울지 못했습니다. 아이를 잃어버렸을 때도 저는 앞이 안 보일지언정 눈물이 안 났습니다. 슬프고 힘들 때 눈물도 못 흘리는 저의 병든 마음을 고쳐 주시고, 앞으로 다가오는 미래를 두려운 마음으로 살지 않도록 도와주시옵소서. 과거의 부정적인 경험에 지배받지 않게 도와주시고, 하나님 말씀에 지배받게 도와주시옵소서. 세상을 원망하는 마음 가운데서 건져 주시고, 미래에 대한 염려에 사로잡히지 않게 도와주시옵소서. 주님, 저를 이 사망의 마음 가운데서 구원해 주시옵소서. 예수님의 이름으로 기도합니다. 아멘"

지난날의 나처럼 아이에 대한 두려움이 엄습하면 마음을 건잡을 수 없는가? 그렇다면 엄마가 아이의 손을 잡고 기도하기 바란다. 아이와 함께 말씀을 암송하기 바란다. 하나님께서 엄마와 아이의 마음에 새 힘을 주실 것이다.

"하나님 아버지, 내 아이 ______가 새 학기가 되면서 새로운 환경을 두려워합니다. 사람을 두려워하지 않고, 오직 여호와 하나님을 의지하는 인생이 되도록 인도하여 주시옵소서. 제 아이 ______가 성장 과정에서 여러 가지 어려운 일이 생겨도 두려워하거나 놀라지 않게 그 마음을 붙잡아 주시옵소서. ______를 하나님께서 의로운 오른손으로 항상 붙잡아 주시옵소서. 제 아이 ______도 하나님께서 언제나 손잡고 계심을 믿고 담대하게 성장하게 도와주시옵소서. 혹시 학교생활에서 친구들에게 따돌림을 당하거나 놀림을 당해도 견딜 수 있는 마음의 근육을 키워 주시고, 여러 가지 실수와 실패의 순간에도 예수님의 손을 꼭 잡고 일어날 수 있는 마음으로 키워 주시옵소서. 예수님의 이름으로 기도합니다. 아멘."

누구나 각자가 그동안 살면서 형성해 온 '마음의 눈과 생각의 소리'를 통해서 자신과 타인을 인식하고 세상과 소통한다. 어린 자녀들은 대부분 부모를 통해 자신과 세상에 대해 느끼고 생각하고 행동한다. 그러므로 아이들에게서 나타나는 여러 가지 현상은 부모가 삶으로 보여 주고 심은 결과들이다. 아이가 자라면서 부모를 통해 체험했던 여러 가지 '감정의 눈'과 '생각의 소리'들이 구체적으로 드러나기 시작한다.

어느 보이스카우트 아들을 둔 엄마의 이야기는 자녀를 키우는 우리에게 좋은 힌트를 제공한다. 이 엄마의 아들은 주사 맞기를 유난히 무서워했다. 며칠 후면 학교에서 예방주사를 맞기로 되어 있었다. 아들은 그 소식을 접한 순간부터 무서워서 벌벌 떨었다. 어느 날 엄마는 기도하는 중에 좋은 생각이 났고, 예방주사를 맞으러 학교에 가는 날 아침, 엄마는 아들의 손바닥에 다음과 같은 글씨를 써 주었다.

'나는 보이스카우트입니다.'

"○○야! 너는 용감한 보이스카우트잖아. 주사 맞을 때도 네가 보이스카우트임을 잊지 마라."

하나님 아버지도 우리 마음의 손바닥에 이렇게 써 주셨다.

"○○야! 너는 그리스도인 엄마다. 너는 그리스도인 아빠다. 너는 그리스도인 부모다. 너는 그리스도인 아들이다. 너는 그리스도인 딸이다."

이것이 바로 그리스도인의 정체성이다. '내가 누구인가?' 하는 정체성을 회복하면, 우리는 새로운 피조물로 살아갈 수 있는 능력을 공급받는다. 정체성이 회복되면 곁길로 가다가도 다시 돌아올 능력이 생기고, 죄를 지으려다가도 다시금 복된 자리로 돌아올 수 있다. 고난 가운데서도 뒤로 물러서지 않고 다시 도전할 새 힘을 얻는다.

실제로 나는 그리스도인 엄마임을 분명히 할 때마다 하나님께서 사랑의 능력, 인내의 능력, 일관성의 능력, 담대함의 능력을 부어 주시는 것을 지금도 체험하고 있다. 목회 현장에서 힘들고 기막힌 일을 당할 때면 “나는 사모입니다. 나는 하나님께서 임명해 주신 사모입니다”라고 마음속으로 화살기도를 드린다. 그러면 서운한 마음과 두려움과 억울함과 부끄러움과 여러 가지 복잡한 마음들이 순식간에 사라지는 것을 느낀다. 말씀을 붙잡고 올려 드리는 기도는, 마음속에 드리운 짙은 두려움의 안개를 순식간에 걷어 낸다.

그리스도인은 예수님을 믿음으로 그동안 죄로 인해 하나님과 단절되고 닫혔던 ‘영적인 눈’이 새롭게 떠진 사람들이다. 예수님의 십자가 생명 때문에 영과 혼과 몸이 고침 받아 그동안 잘못 새겨진 죄의 길을 폐쇄하고 생명의 길을 새롭게 내는 사람들이다. 그리고 그리스도인 부모는 예수님의 마음을 품고, 그 마음으로 자녀를 양육하는 사람들이다.

마음을 주장하시는 분은 하나님이다

> 사람이 마음으로 자기의 길을 계획할지라도 그의 걸음을 인도하시는 이는 여호와시니라 (잠 16:9)

성경 말씀을 기준으로 삼고, 예수님의 마음으로 자녀를 양육하는 길은 멀고 험했다. 나는 정말 안 그럴 줄 알았는데, 아이가 건강하고 안전하게 잘 자랄 뿐만 아니라 다른 아이들보다 키까지 훌쩍 크고 보니, 욕심이 자꾸 생겼다. "욕심이 잉태한즉 죄를 낳고 죄가 장성한즉 사망을 낳느니라"(약 1:15)는 말씀은 정말 옳았다. 나는 엄마의 사랑이라는 이름으로 내 욕심을 포장해서 아이를 다그치고 의심하는 새로운 죄를 짓기 시작했다. 아이라는 연을 띄워 놓고 내가 만든 짧은 연줄에 아이를 가두고는 '더 많이, 더 빨리, 더 높이' 하며 조정하고 싶어 했다.

교육과 욕심은 다른 것이다. '주의 교훈과 훈계'로 가르치는 교육은 마땅히 해야 하지만, 아이를 통해 나의 끝없는 욕심을 채워서는 안 된다. 아이가 사춘기가 되면서 하나님은 엄마인 나의 잘못된 욕심에 브레이크를 걸기 시작하셨다.

아이는 점차 홀로서기를 시도하는데, 나는 아이가 어렸을 때보다 더 아이를 지배하고 싶어 했다. 그럴수록 아들은 나의 간섭을 싫어했고 모든 것을 숨기고 싶어 했다. 컴퓨터게임을 하다가도 내가 방에 들어가면 바탕화면으로 바꿔 놓고 아무것도 안 한 척했다. 그러면 나는 더 감시자가 되어 시시콜콜 따지고 들었다.

아들은 성장할수록 아빠를 더 좋아했다. 이 세상에서 아빠가 자기 마음을 제일 잘 알아준다고 생각했다. 그도 그럴 것이 나는 아이가 성장할수록 아이의 마음을 읽는 대화법도 서툴고, 조급하고, 사소한 일에도 자꾸 까다롭게 굴었지만, 아빠는 틈이 날 때마다 아들과 함께 만화를 읽거나 야구 중계를 보며 느긋하고 유쾌한 시간을 보냈다. 부자가 만나면 낄낄거리고 깔깔거리느라 시간가는 줄 몰랐다. 내 기준으로 보면 그들의 대화는 영양가가 하나도 없는 시답잖은 것이었지만, 그들은 정말로 진지하고 즐겁게 시시덕거렸다. 나는 "너희 자녀를 노엽게 하지 말고"(엡 6:4)와 "아내들이여 자기 남편에게 복종하기를 주께 하듯 하라"(엡 5:22)는 성경 말씀이 없었다면, 너무 느긋하고 낙천적인 그들의 모습에 화가 나서 분노를 터뜨렸을 것이고, 그랬다면 집안 분위기는 그야말로 험악하기 이를 데 없었을 것이다.

미래에 대한 지나친 두려움과 염려가 많아서 모든 걸 미리미리 준비하고 싶은 내 방식과 달리, 하나님께서는 느긋하고 무심하고 독립적이며 낙천적인 남편을 점점 닮은 판박이 아들로 키워 주고 계셨다.

나는 상황이 내 마음에 들면 기뻐하고 행복했지만, 마음에 들지 않는 상황, 내가 제어할 수 없는 상황이 닥치면 한없이 우울하고 화가 났다. 그런 나를 발견할 때마다 하나님께 무릎 꿇어 회개하기보다 자책하며 나 자신을 미워하기를 반복했다. 신앙생활을 거의 15년째 하고 있었음에도 불구하고, 정체성과 자존감과 성공에 대한 열망이 성경에 근거를 두지 못한 까닭이었다.

물론 화를 자주 내거나 마음이 자꾸 우울해진다고 해서 모두 마음에 병이 생긴 것은 아니다. 인간은 누구나 에덴동산(기쁨의 동산)에서 쫓겨날 때부터 병든 마음을 갖게 된 존재다. 죄로 인해 하나님과 분리된 상실감, 하나님을 피해 숨고자 하는 두려움, 하나님의 사랑에 굶주린 결핍, 벗은 몸과 죄가 드러나 수치스럽고 부끄러운 마음, 허탄한 것을 좇고자 하는 우상숭배의 마음, 죄에 대해 핑계대고 다른 사람이나 환경 탓으로 돌리려는 책임전가의 마음 등을 인간이라면 누구나 갖고 있는 것이다. 이 마음이 바로 창세기 3장의 선악과 사건에서 비롯되었다.

이와 같은 원죄에다가 각자의 가정에서 부모로부터 물려받은 여러 가지 환경적인 요인까지 겹치면 마음은 더 찢기고 병들어 간다. 미움, 다툼, 시기, 질투, 비판, 판단, 자랑, 잘난 척, 피해의식, 공로의식, 교만, 무시, 열등감, 자기비하, 병든 자존감, 죄의식, 의심, 불안, 우울, 분노, 관계 단절, 파괴, 이기심, 탐심, 우상숭배, 살인… 정도의 차이가 있다 뿐이지 우리 모두는 마음에서 이 같은 죄를 짓는다. 이 모두는 하나님과 분리된 상태에서 일어나는 마음의 죄이며 드러나는 현상들이다. 그래서 하나님은 죄인들끼리 서로 판단하고 비판하지 말라고 하셨다. 예수님은 하나님과 우리를 연결하는 다리가 되기 위해 십자가를 지셨다. 예수님은 한 점 부끄러운 죄가 없는 분이기 때문이다.

내가 두려움에 시달렸듯이 우리의 병든 마음 가운데 도드라지게 나타나는 주된 현상이 있다. 하나님이 이를 주목하시며 고쳐 주시려 할 때 그 순간 심하게 반발하거나 마음의 질병으로 고착화되어 여러 가지 형태로 병폐가 반복해서 드러나는 것이다.

누구나 화내고 분노할 수 있다. 그러나 일상에서 계속 반복된다면 분명히 고쳐야 할 마음의 질병이다. 나의 경우, 하나님은 남편과 아이를 통해 불신앙과 열등감, 완벽주의와 깨진 자존감, 자괴감과 우울, 고집과 불순종, 조급함과 분노, 판단하는 마음의 병을 손보고 싶어 하신 것 같다. 더 깊어지기 전에 말이다.

어느 날 아들이 아빠에게 말했다.

“아빠, 엄마. 나도 아빠처럼 집에서 공부하고 싶어요.”

하늘이 무너지면 그런 기분일까? 땅이 꺼지면 이런 느낌일까? 남편은 대기업을 그만두더니 신학대학원에 입학해 졸업도 하기 전에 전도

사의 신분으로 교회를 개척했다. 한순간에 신분이 바뀌고 상황이 바뀌어 거기에 적응해서 살아남는 것도 내겐 죽을 것처럼 힘들고 버거운 때였다. 그런데 이번엔 아들이 학교를 그만두겠다는 것이다.

아들은 집에서 자유로이 마음껏 공부하고 싶다는 이유를 댔다. 남편은 일주일간 금식기도를 한 뒤에 결정하자고 했다. 그렇게 금식기도를 하고 나더니 아들에 대한 모든 주권을 하나님께 맡기고 열네 살밖에 안 된 아들의 말을 존중해 주자고 했다. 나는 금식기도 후에도 절대 그래선 안 된다고 펄펄 뛰며 말리고 싶었지만, 그냥 이대로 죽고 싶어서 남편과 아들의 결정에 반기를 들지 않았다. 사실 금식기도를 했다지만, 나는 그 시절 차라리 굶어 죽어서 천국에서 눈을 뜨면 좋겠다 싶었다. 고집과 반항에서 나온 불순종의 결정체였다.

결국 아들은 중학교 3학년이 되기 직전 봄방학에 중학교 자퇴생이 되었다. 이제 집에는 남편과 아들이 아침부터 밤까지 하루 종일 함께 있게 된 것이다.

중학교를 자퇴하자, 아들은 집에서 마음껏 공부하겠다던 약속과 달리 날마다 집에서 만화를 보며 뒹굴어 내 속을 뒤집어 놓았다. 더 기막힌 것은, 남편까지 아들과 합세해서 만화를 보며 즐거워한 일이다. 아들과 남편은 마치 즐거운 방학을 맞이한 사람들 같았다. 그들의 쉼과 기쁨의 모습이 나에겐 고난의 블랙홀에 빠진 듯 괴롭고 두려운 나날이 되었다. 그 두 사람을 있는 그대로 인정하고, 예수님의 마음으로 섬기려니 자꾸 몸이 아팠다. 그야말로 자녀양육 스트레스와 개척교회 사모로서 감당해야 할 짐 때문에 몸과 마음이 죽을 지경이었다.

그렇게 3년 같은 석 달이 지나갔다. 이래도 죽을 것 같고, 저래도 죽을 것 같으니 차라리 죽기를 무릅쓰고 밥을 해줬다. 정성껏 만들어 준 집밥의 위력인지, 함께 놀아 준 속 좋은 아빠 덕분인지, 하나님의 은혜의 순간이 사망의 음침한 밤길에 하나 둘 반딧불처럼 나타났다. 아들은 원도 없이 실컷 놀더니 차츰 집 밖으로 나서기 시작했다. 이유는 단순했다. 한 달 넘게 집에서 푹 쉬었더니 이제 집 멀미가 난다는 것이었다. 친구들이 학교에 가서 적막한 대낮에 홀로 돌아다니던 아들은 집에 돌아오더니, 아무 때나 나갈 게 아니라 정해진 시간에 외출을 하겠다고 했다.

참고 또 참고, 밥해 주고 또 밥해 주고, 기다리고 또 기다렸더니, 드디어 은혜의 순간이 오고 있었다. 부모도 어쩌지 못하는 최악의 순간이 오면 그저 밥해 먹고, 기도하고, 기다리고, 하나님 앞에서 우는 일밖에 다른 도리가 없다는 걸 그때 배웠다. 아들이 규칙적으로 외출을 나가면서 내 숨통도 조금씩 트이기 시작했다. 오로지 집에만 박혀 있던 아들이 겨우 한 걸음 집 밖으로 나갔을 뿐인데, 내 마음은 날아갈 듯이 가벼워졌다.

집 멀미 때문에 규칙적으로 집 밖으로 나가겠다던 아들은 어느 날 좋은 생각이 났다고 했다. 아무래도 날마다 정해진 시간에 나가려면 학원을 다니는 게 좋겠다는 것이었다. '아니, 이 녀석아! 그걸 이제 알았냐!' 반가운 마음에 이렇게 말하고 싶었지만 꾹 참았다. 대신 "넌 어쩌면 그렇게 좋은 생각을 하게 됐냐"고 칭찬했다. 이때 나의 좌우명이 생겼다. '성도들은 내 아이처럼, 내 아이는 성도들처럼'이다. 아들을 성도

들처럼 여겨야 집착하는 마음이 사라진다. 내 아들이기 때문에 갖는 높은 기대도 낮아질 수 있다. 그러면 균형 잡힌 사랑을 하게 된다.

속에서 천불이 날 때 참지 못하고 하고 싶은 말을 다 뱉어 버렸다면 어땠을까? 아들과 나는 서로 얼굴만 보면 으르렁거리는 원수지간이 되지 않았을까? 그보다 더 험악한 상황이 전개되었을지도 모른다. 하지만 나는 단지 인내하며 밥하고 기도하고 예배드리며 그 힘든 시간을 견뎠다. 그러자 하나님이 아들의 닫힌 마음을 만져 주셨다. 마음은 눈에 보이지 않지만 은밀한 가운데 만지시고 인도하시는 하나님이 주신 보물임을 그때 나는 알았다. 부모의 마음도 자녀의 마음도 그 마음을 창조하신 하나님의 인도함을 받으면 새로운 마음의 길이 생기기 시작한다.

마음을 주장하시는 분이 하나님임을 확신하기 시작하면서, 내 안에 평안과 안정이 찾아들기 시작했다. 그 평안은 세상이 알 수도 없고 줄 수도 없는 것이었다. 언제 또다시 폭풍우가 몰아칠지 알 수 없으나 하나님은 폭풍우 중에도 참 평안을 누리게 해주신다. 아들의 마음에도 그런 평안을 주실 이는 오직 하나님 한 분뿐이다. 전지전능하신 하나님 손안에 있으면 해결 못할 게 없다.

엄마가 웃어 주면 자녀 마음의 무장도 해제된다. 지난 시간 남편이 끝도 없이 아들과 놀아 준 건 하나님의 은혜였음을 나는 그제야 깨달았다. 남편조차 도끼눈을 하고 아이를 바라보았다면 아들이 스스로 공부 계획을 세우거나 집 밖으로 나선 시간이 좀 더 지체되었을 것이다. 아니 좀 더 깊은 고통을 겪은 뒤에야 가족 모두 그런 지혜를 배웠을 것이다.

사춘기 자녀의 모습은 사실 하나님 앞에 선 부모의 모습이다. 또한 부모 자신이 직면하고 성장해야 할 옛 모습이기도 하다. 그걸 알면 자녀와 격돌하는 위험한 순간에 기도함으로 하나님의 지혜를 구할 수 있다. 그러면 하나님이 그때그때 필요한 말과 지혜를 주셔서 피할 길을 내신다.

나는 이미 성경 말씀을 기준으로 엄마 공부를 해온 '주교양 양육법'의 14년 차 훈련생이었다. 그러니 이제 '무엇이 자녀를 노엽게 하는지', '무엇이 주의 교훈과 훈계로 양육하는 것인지'를 조금은 알게 되었다. 돌아보면 그동안 무한 반복된 부모 훈련은 정말 위험천만한 사춘기를 대비하기 위한 것이었다. 에스더의 "이때를 위함이니까?"라는 고백이 절로 나왔다. 하나님의 말씀은 역시 살아 있고 운동력 있는 최고의 명약이었다(히 4:12).

Part 2

아이 인생을 크게 하는 성경적 마음 양육법

모든 지킬 만한 것 중에 더욱 네 마음을 지키라 생명의 근원이 이에서 남이니라 (잠 4:23)

신앙생활을 잘하는 것 같다가도 우리는 알지 못하는 사이에 마음이 무너지곤 한다. 그래서 하나님은 자기 마음을 다스리는 사람이 성을 빼앗는 용사보다 더 낫다고 하셨다(잠 16:32). 세상에 믿을 수 없는 게 내 마음이니, 하나님의 전적인 은혜가 아니고는 그 마음을 다스리기는 애초부터 불가능하다.

성경에는 '마음'이라는 단어가 1058번이나 등장한다. 그중 가장 먼저 언급되는 인간의 마음은, '생각하는 모든 계획이 항상 악하다'이다. 나는 이 말씀에 전적으로 공감한다. 우리 부부의 중년기와 내 아들의 사춘기를 통과하면서, 죄로 인해 부패한 마음에서 나오는 것이 항상 악하다는 게 무엇인지 절감했기 때문이다.

사람들은 한 번 넘어진 그 문제에서 다시 넘어진다. 나 역시 마찬가지다. 믿음의 블랙홀이 있다면, 아마 매번 같은 문제에서 거듭 넘어지는 지점일 것이다. 믿음의 블랙홀은 다른 말로 바꾸면 사망의 음침한 골짜기, 출구가 보이지 않는 터널일 것이다. 나는 그 소망 없던 시절을 눈물 콧물 쏟으며 통과하면서 그리스도인 부모인 나부터 진정한 자존감을 회복하는 것이 얼마나 필요하고 중요한 일인지 통감했다.

앞도 보이지 않고, 끝도 보이지 않는 흑암의 터널을 뚫고 나가다 보면 하루에도 수십 번씩 다 그만두고 쉬고 싶을 때가 있다. '오래 참음'의 훈련 기간일 때는 소망도 안 보이고 마음의 고통만 더해 간다. 그러다 한번은 놀라운 경험을 한 적이 있다. 바로 나와 반대편에서 내 문제의 터널을 뚫고 들어오신 예수님을 만난 것이다.

만남 4

스펙의 크기가 아니라 신앙의 크기를 키워라

자녀의 상한 마음을 부여잡고 나아오라

> 하나님께서 구하시는 제사는 상한 심령이라 하나님이여 상하고 통회하는 마음을 주께서 멸시하지 아니하시리이다 (시 51:17)

상하고 부패한 음식은 못 먹는다. 혹시 보기에 멀쩡해서 아깝다고 먹으면 식중독에 걸려 이만저만 고생하는 게 아니다. 심하면 목숨까지 잃을 수 있다. 그런데 눈에 보이지 않는 마음도 마찬가지다. 이미 우리 모두는 상한 마음이기에 마음고생이 심해지면 어느 순간 눈에 보이는 증상들이 나타나기 시작한다. 어린 자녀들의 마음이 반복적으로 돌봄을 받지 못하고 상하게 되면 폭력적으로 변하거나 산만해지거나 무례해지기 쉽다. 변덕스러움, 시기, 질투, 거짓말, 핑계, 게으름, 어리석음, 사납고 무정한 마음, 잔인하고 죄 짓기를 좋아하는 마음, 부모와 선생님과 같은 권위자들에게 무조건 거역하고 싶어 하는 마음들이 바로 상한 마음이 밖으로 드러나는 현상들이다. 내 자녀에게서 이런 현상들이 포착된다면 그때가 바로 상한 마음이 고침 받을 때다. 성경은 상한 마음이 육체의 일을 도모하는 마음이라고 정의하면서 다음과 같이 변질되었다고 고발한다.

> [19] 육체의 일은 분명하니 곧 음행과 더러운 것과 호색과 [20] 우상 숭배와 주술과 원수 맺는 것과 분쟁과 시기와 분냄과 당 짓는 것과 분열함과 이단과 [21] 투기와 술 취함과 방탕함과 또 그와 같은 것들이라 전에 너희에게 경계한 것같이 경계하노니 이런 일을 하는 자들은 하나님의 나라를 유업으로 받지 못할 것이요 (갈 5:19-21)

부모는 누구보다 자녀의 영혼이 구원되고 그 마음에 말씀이 심겨지도록 관심을 기울여야 한다. 자녀가 하나님 나라를 유업으로 받지 못하는 것을 염려해 줄 사람은 부모밖에 없다. 따라서 그리스도인 부모는 내 자녀의 상한 마음을 부여잡고 주님 앞에 나와야 한다. 마음이 상한 자를 가까이하시고, 충심으로 통회하는 자를 구원하시는 하나님께서는 지금 바로 우리들의 상한 마음을 받기 원하신다(시 34:18).

주님은 우리의 마음이 상하면 영혼의 부패가 시작되고, 결국 마음에서 생명력을 잃어버린다는 것을 아신다. 주님은 우리의 상한 마음을 치료할 능력이 있으신 분이므로 그리스도인 부모는 자녀의 어리고 어리석고 상한 마음을 하나님께로 인도해야 한다.

사실 이 세상이 지향하는 높은 자존감은 자칫하면 교만과 이기심을 더 증폭시킬 위험이 있다. 성경적인 관점에서 보면 더 높고 더 낮은 자존감은 없다. 다만 건강하게 회복된 정체성에 기반을 둔 건강한 자존감과 왜곡된 정체성에 바탕을 둔 병든 자존감만 있을 뿐이다.

병들고 상한 자존감은 여러 가지 마음의 문제를 일으키는 원인이 된다. 그리스도인 부모는 자녀의 상한 마음, 부패한 마음을 볼 수 있는 영적 통찰력을 가져야 할 사명이 있다. 상한 마음에서 상한 정체성, 상한 자존감이 나왔음을 잊지 말아야 한다. 그러려면 부모가 먼저 성경적 정체성과 성경적 자존감으로 회복되어야 한다.

마음밭 기경이 먼저다

> [21] 속에서 곧 사람의 마음에서 나오는 것은 악한 생각 곧 음란과 도둑질과 살인과 [22] 간음과 탐욕과 악독과 속임과 음탕과 질투와 비방과 교만과 우매함이니 [23] 이 모든 악한 것이 다 속에서 나와서 사람을 더럽게 하느니라 (막 7:21-23)

기원후 1세기, 예수님 시대의 사람들도 지금처럼 악했다. 선민의식을 자랑하던 유대인들도 악했고, 문명을 자랑하던 로마 사람들도 악했다. 구약시대에도 이집트의 왕 바로는 모세가 태어날 무렵 모든 사내아이를 죽였다. 훗날 헤롯 왕도 메시아의 탄생을 막기 위해 두 살 이하의 남자아이를 몰살시켰다. 어린 생명이 집단으로 희생당하는 살인 사건이 위정자에 의해 버젓이 자행될 만큼 모든 시대는 악했다. 하나님은 이미 타락한 인간의 마음과 죄악이 얼마나 악한지 아시고 탄식하셨다(창 6:5). 사람은 어려서부터 생각하는 것이 항상 악하고, 그 악한 생각을 실행하는 능력까지 갖췄다.

주님은 그런 까닭에 무엇보다 우리 마음에 주목하셨다. 그리고 더러워지고 타락하고 사납고 병든 우리의 마음을 농경사회를 살던 당대 사람들이 가장 이해하기 쉬운 씨와 밭의 비유로 설명하셨다. 그것은 우리의 마음밭을 경작하기 위한 것이었다. 우리들의 마음부터 키우셔야 인생도 키울 수 있음을 아셨기 때문이다.

> [4] 예수께서 비유로 말씀하시되 [5] 씨를 뿌리는 자가 그 씨를 뿌리러 나가서 뿌릴새 더러는 길가에 떨어지매 밟히며 공중의 새들이 먹어 버렸고 [6] 더러는 바위 위에 떨어지매 싹이 났다가 습기가 없으므로 말랐고 [7] 더러는 가시떨기 속에 떨어지매 가시가 함께 자라서 기운을 막았고 [8] 더러는 좋은 땅에 떨어지매 나서 백 배의 결실을 하였느니라 이 말씀을 하시고 외치시되 들을 귀 있는 자는 들을지어다 (눅 8:4-8)

이 말씀을 우리 삶에서 적용하기 위해 간략하게 표를 만들어서 정리해 보면 다음과 같다. 길가 같은 마음밭, 바위 같은 마음밭, 가시떨기 같은 마음밭은 마음이 열등감으로 교만해지거나 비굴해지고, 자존감이 지나치게 낮거나 지나치게 높은 상태가 되기 쉽다. 좋은 땅과 같은 마음밭은 마음이 성경적으로 회복된 상태다. 마음이 고침 받으면 자존감도 회복된다. 자존감이 회복된 마음에 씨앗이 떨어지면 쑥쑥 자란다.

마음밭의 종류	마음밭의 상태
길가 (씨가 밟히고 공중의 새가 먹어 버림) 말씀을 들어도 하나님께 대적하고, 비판과 의심이 증폭된다.	견고한 고정관념으로 마음이 교만하고 완악해서 길가와 같이 딱딱해진 마음이다. 선악의 기준이 자신에게 있어서 농부 되신 예수님을 거부하고 받아들이지 않는다. 예배를 드리고, 성경공부를 해도, 여전히 세상의 생각이 더 많이 지나다니는 마음이다. 말씀을 들어도 들리지 않는 영적 귀머거리 상태다. 말씀의 씨앗이 떨어지자마자 곧바로 말씀을 빼앗긴다.
바위 (싹이 났다가 습기가 없어서 마름) 말씀을 들을 때 잠깐 감동을 받을 뿐 회개가 없고 일상생활에서는 말씀이 전혀 생각나지 않는다.	현대인에게 가장 많이 보이는 마음밭이다. 말씀이 떨어져도 자기 확신이나 주장이 강해 말씀이 뿌리를 내리지 못한다. 세상 학문이나 지식이 오히려 말씀을 듣고, 믿고, 지켜 행하는 일에 걸림돌이 된다. 자기 사랑, 자기 확신, 물질주의, 진화론, 과학주의, 인본주의, 물질숭배, 성공신화 등에 마음이 가로막혀서 말씀을 들어도 듣지 못하는 귀, 울지 못하는 가슴이 된 상태다. 이 같은 마음은 지식과 탐심의 기운에 막혀서 상한 마음, 용서하지 못하는 마음, 깨어진 마음으로 고착화되기 쉽다. 말씀을 들어도 통회 자복하지 않고 감사하지 못한다. 말씀이 자기 뜻에 맞을 때는 잠시 잠깐 기쁨으로 수용하지만, 말씀이 자기 생각과 맞지 않으면 거부하므로 곧 시들어 버린다.

가시떨기 (가시가 함께 자라서 기운이 막힘) 삶의 현장에서 세상 신과 하나님을 동시에 섬기는 모습을 보인다. 이 땅에서 원하는 것을 얻지 못하면 결국 믿음의 성장이 멈추거나, 하나님을 떠나기도 한다.	교회 생활도 열심히 하고 성경공부도 하지만, 여전히 우선순위가 자신의 성공과 부귀영화인 상태다. 날마다 무엇을 먹고 마시고 입을까에 몰두하면서 더 부해지고 더 유명해지며 더 이익을 보고 더 성공하기 위해 집착한다. 세상에 집착하는 인생을 살면, 말씀이 결실하기 전 단계까지는 믿음이 잘 자라는 것처럼 보이지만, 막상 결실하려면 세상의 염려와 재물과 향락에 기운이 막혀 버린다. 말씀을 들어도 순종하지 못하고 자기에게 듣기 좋은 축복의 말씀만 기억하려 한다.
좋은 땅 (말씀의 씨가 백 배로 결실되는 땅) 예수님이 점점 좋아지고 계속 닮아 간다.	묵은 땅이 다 갈아엎어져서 착하고 좋은 상태로 변화된 마음이다. 말씀이 조명하면 자신의 죄와 피 흘리기까지 싸워 이기려는 헌신과 말씀을 듣고 지키려는 인내로 마침내 결실한다. 예수 그리스도와 동행하는 삶을 살게 되는 풍성한 마음이다. 예수님이 쓰시고자 할 때마다 사용될 수 있는 눈, 마음, 가슴, 손, 발을 지니게 된다. 예수님의 장성한 분량에까지 마음이 커지고, 모든 선한 일을 할 수 있는 능력이 생긴다.

길가 같은 마음밭, 바위 같은 마음밭, 가시떨기 같은 마음밭은 우리가 말씀과 기도로 늘 살피며 성령님의 도우심으로 고침 받아야 할 마음 상태다. 자녀의 병든 마음을 고치려면 부모의 마음이 먼저 변해야 한다. 부모의 마음밭은 자녀에게 그대로 대물림되기 쉽다. 오늘 사용한 부모의 언어, 생각, 행동이 내일의 자녀에게서 나타난다. 부모가 성경적 자존감을 회복할 때, 자녀도 성경적 자존감이 건강하게 형성된다. 하나님은 부모 먼저 마음의 묵은 땅을 기경하고 키우기를 원하신다. 그리하여 좋은 땅과 같은 마음밭으로 기경되기를 바라신다.

말씀이 결실을 맺으려면, 먼저 예수 그리스도를 믿는 마음밭이 되어야 한다. 신실한 주일 성수, 말씀 순종, 생활 예배, 섬김과 봉사의 삶, 십일조 생활로 좋은 습관을 들이면 마음밭이 기경된다. 묵은 땅을 기경해야 말씀의 씨앗이 뿌리를 내리고 30배, 60배, 100배의 결실을 맺는다.

 부부가 불순종하면 자녀가 피해를 입는다

아비들아 너희 자녀를 노엽게 하지 말지니 낙심할까 함이라 (골 3:21)

나는 아담과 하와 가정의 이야기를 읽다 보면 가슴이 자주 미어진다. 어린 자녀 아벨과 가인의 입장에서 성경을 보니 그동안 알던 것과 또 다른 관점이 생긴 까닭이다.

아담과 하와는 하나님이 맺어 주신 최초의 부부다. 그들 사이에서 가인과 아벨이 태어났다. 성경에는 에덴동산에서 쫓겨난 뒤 이들 가족이 어떻게 살았는지에 대한 자세한 기록이 없다. 하지만 가인과 아벨의 사건을 통해 미루어 짐작할 수는 있을 것 같다.

죄로 인해 에덴동산에서 쫓겨난 직후의 기록인 창세기 4장에는 아담과 하와 부부가 여호와로 말미암아 첫째 아들 가인을 낳았다는 고백이 나온다.

> 아담이 그의 아내 하와와 동침하매 하와가 임신하여 가인을 낳고 이르되 내가 여호와로 말미암아 득남하였다 하니라 (창 4:1)

그런데 둘째 아들 아벨을 낳았을 때는 하나님께 대한 감사의 고백이 사라지고 다짜고짜 두 아들의 직업이 등장한다.

> 그가 또 가인의 아우 아벨을 낳았는데 아벨은 양 치는 자였고 가인은 농사하는 자였더라 (창 4:2)

이처럼 첫째 가인을 낳을 때만 해도 하나님을 기억하던 아담과 하와가 둘째 아벨을 낳을 즈음엔 하나님은 안중에도 없고 자녀의 스펙과 직업과 성공에만 관심을 보이는 현대 부모들과 닮아 있다.

에덴에서 쫓겨난 아담과 하와의 입장에서 생각해 보면 그들이 자녀의 직업에 관심을 기울이는 이유를 알 것도 같다. 아담과 하와의 가장 큰 근심은 먹고사는 일이 아니었을까? 하나님을 잃어버린 인생들이 가장 중요하게 여기는 것도 먹고사는 일이다. 하나님을 잃어버린 인생이 자기 생명을 부지하는 유일한 길이 물질에 의지하는 것이기 때문이다.

자녀가 가인 한 명이었을 때만 해도 '여호와로 말미암아 아들을 낳았다'고 고백했던 부부가, 세 식구가 농사를 지어 먹고살려니 얼마나 고달프고 에덴동산이 그리웠겠는가? 그러니까 둘째를 낳자마자 그들의 관심사는 자녀들이 '무엇을 해 먹고 살 것인가? 어떤 직업에 종사할 것인가?'로 옮겨진 것 같다. 그들은 에덴동산에서 느꼈던 기쁨을 자기 힘으로 찾아서 누리고 싶었을 것이다.

가인과 아벨도 자라면서 부모가 먹을 것 입을 것 마실 것으로 근심하거나 부부싸움을 할 때면 '우리 엄마 아빠가 하나님의 말씀 좀 잘 들었으면 얼마나 좋았을까?', '우리 엄마 아빠가 축복의 동산, 기쁨의 동산인 에덴에서 쫓겨나지 않았더라면 얼마나 좋았을까?'라고 생각하지 않았을까?

나는 에덴동산에서 하나님이 이들 부부를 쫓아내실 때의 장면을 깊이 묵상하면서, 남편이 원망스럽고 억울했던 내 마음 상태를 발견한 적이 있다. 내가 여성이므로 순전히 하와의 입장에서 생각해 보니, 에덴동산에서 쫓겨난 게 다 남편 때문인 것만 같았다. 생명나무를 더 이상 못 먹게 된 게 하나님 때문이고 남편 때문이라는 생각이 든 것이다. 이 얼마나 자기중심적이고 자기 사랑이 넘쳐 나는 죄된 발상인가?

뱀의 말을 남편 말보다, 더구나 하나님 말씀보다 더 달콤하게 듣고 따랐던 자신의 죄는 합리화하면서, 남편 아담, 선악과를 만든 하나님, 자신을 속이고 아무 책임도 안 지는 뱀만 원망스러운 것이다.

가인과 아벨이 스스로 밥벌이한 일을 자랑스럽게 생각하는 아담과 하와의 모습은 하나님께 예배드리고 영광 드리는 삶보다 먹고사는 일이 더 중요해진 오늘날 우리 모습과 다르지 않다. 우리도 아담과 하와처럼 자녀를 얻고서 '하나님께서 이 아이를 주셨다'는 감사는 아주 잠깐이고, 장차 이 아이가 자라서 어떤 직업을 갖고 어떻게 살아갈 것인지에 더 큰 관심을 갖지 않는가.

이후 사건은 빠르고 급하게 진행되어 아벨과 가인이 하나님께 제사 지내는 모습이 나오고, 이어서 가인이 자신의 제사를 받지 않으시는 하나님께 분노하는 모습이 그려진다.

[5]가인과 그의 제물은 받지 아니하신지라 가인이 몹시 분하여 안색이 변하니 [6]여호와께서 가인에게 이르시되 네가 분하여 함은 어찌 됨이며 안색이 변함은 어찌 됨이냐 [7]네가 선을 행하면 어찌 낯을 들지 못하겠느냐 선을 행하지 아니하면 죄가 문에 엎드려 있느니라 죄가 너를 원하나 너는 죄를 다스릴지니라 [8]가인이 그의 아우 아벨에게 말하고 그들이 들에 있을 때에 가인이 그의 아우 아벨을 쳐죽이니라 (창 4:5-8)

나는 문득 '가인은 안색이 변하면서 화내는 것을 도대체 어디서 보고 배웠을까?' 궁금해졌다. 이런 의문이 든 것은, 나의 개인적인 경험 때문인 것 같다.

나는 한때 놀라거나 걱정이 되면 생각할 겨를도 없이 아이 앞에서 대뜸 화를 내는 성미였다. 그래서 관련 책을 읽고 말씀을 암송하고 기도하면서 분노를 다스리는 법을 훈련해야 했다. 반면에, 남편은 좀처럼 화를 내는 법이 없는 사람이다. 아이가 잘못해서 야단을 쳐야 할 때도 자꾸 웃음부터 나와서 그럴 수 없다며 내게 그 악역을 떠넘기곤 했다. 심지어 내가 참고 또 참다가 남편에게 아이 좀 야단치라고 하면 오히려 바로 지금이 당신이 화를 낼 타이밍이라고 부추겨 주기까지 하는 우스꽝스런 장면이 연출되기도 했다.

돌아보니 남편은 어려서부터 어른이 버럭 화를 내고 소리 지르는 걸 본 적이 거의 없었다. 시부모님은 평생 목회를 하신 덕분인지 매사가 조용하고 조심스러우셨다. 남편은 그런 탓에 건설회사에서 현장소장으로 일하면서도 소리 지르는 법이 없어서 화내야 할 타이밍에 대신 소리 질러 주는 직원이 있었다고 했다. 그에 반해 나는 외가나 친가 어른들이 소리를 버럭 지르시거나 말다툼하는 것을 종종 보아 왔다.

가인이 하나님 앞에서 서슴없이 분을 낼 수 있었던 것은, 부모인 아담과 하와한테서 보고 배운 학습의 결과라고 봐야 한다. 어려서부터 부부싸움 하는 것을 자주 보고 자란 자녀들은 쉽게 화를 낸다. 아담과 하와가 에덴동산에서 죄를 지었을 때도 서로 책임을 전가했는데 에덴에서 쫓겨난 뒤에는 얼마나 자주 부부싸움을 했겠는가.

아담과 하와의 결혼생활이 불행해진 이유는 단 하나다. 하나님께서 주신 질서를 깼기 때문이다. 질서가 깨진 곳에는 무질서와 슬픔과 비탄이 찾아온다. 이것이 인류의 불행이다. 아담과 하와는 슬픔과 비탄과 무질서한 결혼생활을 하면서 돌이켜 회개하지도 못했던 모양이다. 죄를 지은 인간은 스스로 회개할 능력조차 없는 것이다.

하나님께서 가죽옷을 지어 입혀 주었으나 고마워하지도 회개하며 돌이키지도 않은 아담과 하와는 결국 인류 최초의 살인자라는 오명을 얻은 가인이라는 아들의 부모가 되었다. 형제를 살인하는 데까지 타락한 인류를 낳은 장본인이 바로 아담과 하와인 것이다.

유대인의 자녀교육 vs. 한국인의 자녀교육

세상이 복잡할수록 우리의 중심이 되는 마음의 상태, 마음의 건강,

마음의 방향성, 마음의 주인 되는 생각과 사상들을 늘 점검하는 것이 필요하다. 유대인들은 여자는 열두 살, 남자는 열세 살이 되면 성년식을 갖는다. 이는 하나님은 창조주이시며, 인간은 하나님의 형상대로 지음 받은 피조물임을 인정하는 의례다.

또한, 유대인들은 자녀가 열세 살이 되어 성인식을 가지면 부모로부터 완전히 독립된 인격체로 살아갈 것을 기대한다.

반면에 우리나라는 20세도 모자라서 30세, 심지어 40세가 지나도록 자녀가 경제적으로 독립하지 못해도 부모는 어쩔 수 없다고 생각하며 자녀를 감당한다. 과잉양육, 과잉교육의 병든 모습이 아닐 수 없다.

자녀를 양육하는 것은 마땅히 모든 부모의 책임이지만, 엄연히 성인이 된 자녀까지 어린 자녀를 양육하는 태도로 일관하는 것은 큰 문제다. 부모는 자녀가 사회에 나가 자기 기량을 발휘할 수 있도록 가르쳐야 한다. 하지만 이미 사회인으로서 자기 역할을 해야 할 나이를 훌쩍 넘기고도 여전히 부모의 돈으로 배움의 길을 가고 있다면 개인과 가정과 사회적으로도 커다란 낭비가 아닐 수 없다. 지나치게 성공지향적이며 출세지향적인 부모 때문에 고통받는 자녀들도 많지만, 감사와 만족을 모르고 공부를 도피처로 삼는 자녀 때문에 고통받는 부모도 많은 게 오늘날 한국 사회의 모습이다. 누구를 위한 교육인지, 무엇을 위한 배움인지, 방향을 잃어버린 것은 아닌지 돌아볼 일이다.

유대인들이 교육하는 목표는 분명하다. 자녀가 일정 기간이 지나면 독립된 인격체로서 하나님과 부모, 모든 가족과 친지들 앞에서 홀로서기를 하도록 돕는 것이다. 유대인의 성년식은 그런 의미에서 가족과 공동체와 사회를 향해 이제부터 내 인생은 내가 책임지겠다고 선포하는 것과 같다. 유대인 부모는 가족과 친지들 앞에서 "이제부터 네가 짓는 모든 죄는 네 자신이 책임을 져야 한다. 부모인 나에게는 책임이 없다"고 선언한다. 그리고 가족과 친지들은 성년이 된 자녀에게 토라와 축하금과 손목시계를 선물로 준다고 한다. 토라는 일평생 하나님의 말씀을 떠나지 말라는 의미이고, 축하금은 자녀가 그때부터 성인이 될 때까지 홀로서기를 할 수 있는 일종의 종자돈이라 할 수 있으며, 시계는 '이제 너도 성인이 되었으니 시간을 낭비하지 말고 철저하게 아끼어 훌륭한 율법의 아들이 되어라'는 의미다.

유대인은 시간 관리와 근면성은 주로 어머니가, 율법과 토라는 아버지가 맡아서 교육한다. 금요일 저녁 안식일에는 해지기 전, 즉 어머니가 양초에 불을 밝히기 전에 모든 숙제와 할 일을 끝내고 깨끗한 새 옷으로 갈아입어야 한다. 매주 반복되는 이 같은 훈련은 시간을 하나님이 주신 선물로 여기는 동시에 최선을 다해 아끼는 훈련이 된다(현용수, 《IQ는 아버지, EQ는 어머니 몫이다》). 지식을 가르치기에 앞서 먼저 하나님의 율례와 법도로 인간다운 인간을 만드는 것이다(현용수, 《유대인 아버지의 4차원 영재교육》).

진정한 마음의 강함은 하나님을 아는 지식과 믿음의 힘에서 나온다. 유대인들은 지금도 자녀들의 마음속에서 죄악이 강해지기 전에 말씀과 예배와 율법 준수와 사랑의 매로 죄악의 속성을 자르고, 대신 그 자리에 하나님의 말씀을 열심히 심는다. 여호와를 경외하는 것이 지식의 근본임을 아는 까닭이다.

그러므로 유대인에게 자녀의 나이 13세는 부모로부터 독립해서 홀로서기를 시작하는 나이이다. 우리나라에서처럼 중2병이 시작되는 사춘기가 아닌 것이다. 과연 이 차이는 어디서 생기는 것일까?

내 생각엔, 전 세계가 인정하는 우리나라의 중2병은 지나친 교육열이 빚은 상한 모습이 아닐까 한다. 사실 우리나라의 교육열은 전쟁의 폐허에서 이 민족을 가장 빠른 시간 안에 회복시킨 원동력이며 일등공신이다. 그럼에도 긍정적인 효과를 본 뒤로 곧바로 상함을 드러내기 시작했고, 그중에서 중2병이 가장 대표적인 환부를 드러낸 예인 것이다.

성경적 자녀양육을 위한 기준

우리 부부가 교회를 개척하고 고난의 시간을 지나는 동안, 아들은 유대인들처럼 성년식을 치르고 독립된 삶을 살기 시작했다. 남편과 나는 이전과 전혀 다른 환경을 살아 내느라 오직 '예수님 사다리' 하나만 붙들게 되었다. 내겐 너무나 고통스런 불시련이었지만, 이 또한 하나님이 허락하신 것이었으므로, 그 시련을 지나자 축복이 되었다.

불과 같은 시련을 겪던 그 시절, 우리 부부에게 주신 성경적인 자녀양육의 가치관과 기준에 관한 지혜를 정리해 보면 다음과 같다.

1. 자녀 인생의 주인은 오직 하나님 한 분뿐이시다.

자녀는 하나님의 소유다. 부모는 결코 자녀 인생의 주인이 아니다.

부모는 다만 잠시 맡아 기르는 청지기일 뿐이다.

> 보라 자식들은 여호와의 기업이요 태의 열매는 그의 상급이로다 (시 127:3)

자식이 여호와의 기업이라는 말씀이 이때만큼 위로가 되고 소망이 된 적이 없다. 남편이 대기업을 계속 다녀 생활이 넉넉했다면 하나뿐인 아들을 위해 기꺼이 무한 경쟁의 과열 교육 시장에 뛰어들었을 것이고, 그랬다면 아들과 나는 최악의 관계가 되었을 것이다. 그뿐 아니라 아들의 신앙까지 잃어버렸을지도 모른다.

2. 자식 걱정은 이제 그만하고 하나님께 맡기자.

하나님은 나보다 더 내 자녀를 잘 알고 계시고, 내 자녀의 키와 지혜와 믿음과 인격을 자라게 하시는 창조주시다.

> 사람을 두려워하면 올무에 걸리게 되거니와 여호와를 의지하는 자는 안전하리라 (잠 29:25)
>
> 너희 중에 누가 염려함으로 그 키를 한 자라도 더할 수 있겠느냐 (마 6:27)
>
> 사랑 안에 두려움이 없고 온전한 사랑이 두려움을 내쫓나니 두려움에는 형벌이 있음이라 두려워하는 자는 사랑 안에서 온전히 이루지 못하였느니라 (요일 4:18)

지나친 염려와 두려움은 불신앙 그 자체다. 그리스도인이 두려워할 대상은 오직 여호와 하나님 한 분뿐이시다. 그러나 나는 예수님을 믿고 난 후에도 이 염려와 두려움, 걱정을 떨쳐 내는 데 20년은 족히 걸렸다. 남편과 아들 문제로 염려의 음침한 골짜기를 지날 때 나를 찾아와 주신 분이 있다. 바로 예수님이다. 예수님은 내 마음속에 높이 솟아 있던 걱정의 산, 염려의 산, 두려움의 산 앞에 '출입금지, 입산금지' 팻말을 써 붙여 주시고 나를 구원해 주셨다. "염려하지 마라, 두려워하지 마라, 내가 너와 함께한다"고 매 순간 거듭 말씀해 주시므로 나를 모든 염려에서 건져 주셨다. 미리 염려하고 걱정하던 마음속 생각의 길이 폐쇄되면서, 그 길에 하나님의 은혜로 생명나무의 수목이 우거졌다. 그러자 시냇가에 심은 나무가 시절을 좇아 과실을 맺는 은혜의 쉼터로 마음의 생태계가 완전히 바뀌었다. 마음의 크기도 점점 커졌다.

이것은 말씀에 순종하는 자 누구에게나 예비된 인생의 놀라운 선물이다. 지금 자신의 마음속에 습관처럼 길이 나 있는 생각의 문제를 찾고 주님이 주시는 새 길로 깔기 바란다. 도로공사는 고생스럽고 번거롭지만 새 길을 내는 공사를 해야 불필요한 옛길이 폐쇄된다. 예수님과 함께 다닐 수 있는 새 길을 찾아내야 부모도 살고 자식도 산다.

3. 자식을 향한 끝없는 욕심은 인생의 큰 함정이며 시험 거리다.

그리스도인 부모로서 자녀를 성경적으로 양육할 역사적 사명이 있지만, 자식을 향한 끝없는 욕심을 믿음으로 착각하며 양육하고 있지는 않은지 분별해야 한다. 부모가 먼저 성경적 자존감으로 바로 세워지지 않으면 세상 가치관에 휩쓸릴 수밖에 없다. 욕심과 조급함이 눈을 가리면 자녀 문제 앞에서 세상 사람들보다 더 형편없는 결정을 내리고, 어처구니없는 행동을 할 수 있다.

아들이 사춘기를 맞았을 무렵 개척교회를 시작한 우리 부부는 가장 먼저 인간적인 욕심과 조급함을 버리기로 굳게 다짐했다. 마음먹은 대로 안 되는 게 인간의 일이지만, 특히 자녀 문제는 불가능해 보일 정도로 힘겹다. 자식을 향한 비전과 소망을 욕심과 구별하기가 결코 쉽지 않기 때문이다. 그래서 자녀를 양육하다 보면 죄가 틈타기 정말 좋다. 아무리 성경 말씀을 기준으로 자녀를 양육하려 해도 순간순간 헛된 꿈이 차오르는가 하면 남과 비교하며 낙심하게 된다.

이때가 죄의 함정에 빠지기 쉬운 때이자 기도할 때다. 내 뜻과 내 욕심에 따라 강청하는 기도가 아니라 먼저 주님의 생각을 여쭤 보는 기도를 해야 할 때다. 주님의 생각을 듣는 기도를 하면 지혜를 주신다.

신앙의 크기를 키워 주는 방법

나는 우리나라 중2병의 원인 제공자는 어른들이라고 본다. 자녀가 자라면서 접한 부모와 선생님, 중요한 어른들, 일가친척들이 그들이다. 12~13세가 되면 그동안 주변 어른들과 사회에서 획득하고 학습한 습관과 태도, 가치관, 언어, 생각, 행동들이 1차적으로 결실을 맺는다. 또 이 시기부터 자녀들이 '나는 누구인가?(정체성)', '나는 중요한 존재인가?(자존감)', '나는 가치 있는 존재인가?', '나를 존중하고 인정해 주는 사람은 누구인가?', '하나님은 정말 계신가?(믿음)', '교회는 계속 다닐 만한 곳인가?', '나는 앞으로 어떻게 살아갈 것인가?(진로와 직업)' 등에 관해 그 어느 때보다 진지하게 생각한다.

그런데 한국 사회는 '내 자식 하나만은 성공시키고 잘 키워 보자'를 슬로건으로 내걸고 끝도 없이 달려가는 것 같다. 부모든 사회든 모두 서로의 탐심을 부추긴다. 그리스도인 부모조차 과연 '무엇이 성공이고, 무엇이 잘 키우는 것'인지에 대한 깊은 성찰이 부족하다. 무한 경쟁 사회에서 살아남기 위해 무조건 공부하라고 닦달하면서 예배드릴 시간조차 빼앗고 있다.

아이들은 성장 단계에 따라 필요한 양식이 있다. 몸이 자라려면 음식을 먹어야 하듯이 마음이 자라려면 영의 양식을 먹어야 한다. 말씀으로 훈련되는 시간도 필요하고 빈둥거리며 생각할 시간도 필요하다. 도전해서 성공하거나 실패할 시간도 필요하다. 이 여백의 시간을 통해 마음의 근육이 발달하고 마음의 크기가 자라게 된다. 그런데 이 모든 시간을 쓸데없는 시간으로 간주하고 공부, 공부로 채우고 있는 것이다.

중2병은 마음의 양식을 얻지 못하고 몸만 자란 아이들의 역습이라고 생각한다. 하나님은 우리에게 자유의지를 주셨는데 부모가 어리다는 이유로 모든 선택을 박탈하고 부모의 꼭두각시 노릇만 하라니, 본성을 거스르는 삶에 대한 역습인 것이다.

나는 감히 제안한다. 그리스도인 부모라면, 이 세대를 본받지 않을 용기를 갖자고 제안한다. 그리스도인 가정의 중2는 병에 걸리는 나이가 아니라 하나님 앞에서 부모로부터 독립하는 나이로 재정립할 것을 제안한다. 유대인들처럼 교회 차원에서 13세에 성년의식을 갖는 것도 한 방법이라 생각한다.

우리 교회는 중학생 이상부터는 어른들과 함께 대예배를 드린다. 개척교회 형편에 따로 주일학교를 만들기 힘들었기 때문인데, 형편이 나아진 지금도 이것을 전통으로 삼고 있다. 아이들이 유익한 체험을 했기 때문이다. 대예배를 드린 뒤에는 중·고등학생과 대학생이 소그룹으로 따로 모인다. 내 아들이 유일한 중학생이었을 때는 대예배 후 아들 한 명만 놓고 일대일 소그룹 성경공부를 했다.

하나님이 주신 지혜로 중·고등부 일대일 성경공부 교재를 만들었는데, 간단하게 세 가지 질문과 적용으로 진행했다.

1. 오늘 들은 설교 내용을 3문장으로 요약해서 자기 말로 문장 만들기

이렇게 5년 정도 매 주일 꾸준히 했더니 아이들의 설교 듣기 능력이 향상되었고, 믿음이 쑥쑥 자라고 듣는 귀가 생겼다.

2. 오늘 들은 설교 내용에서 한 주간 동안 실천할 것 말하기

처음에는 어른 예배가 어렵다고 했지만, 아이들은 설교 말씀에 비추어 자신의 모습을 설명하는가 하면, 회개하고 새롭게 결단하기도 했다. 나는 하나님이 직접 아이들을 성장시켜 주시는 것을 경험했다.

3. 오늘 들은 말씀으로 오늘 기도하고 일주일 동안 실천하기

지각 안 하기, 거짓말 안 하기, 숙제 미루지 않기, 부모님께 존댓말하기, 돈을 사랑하지 않기, 형제간에 다투지 않기, 친구들과 싸우지 않기, 용돈에서 십일조 하기, 집 안에서 엄마 아빠 말씀 잘 듣기 등 아이들이 실제 삶에서 일주일 동안 실천할 일들을 스스로 말하게 하고 기도하게 한 결과 아이들은 자신의 문제를 정말 거침없이 정직하게 말하기 시작했다. 예수님이 왜 심령이 아이들과 같아야 한다고 말씀하셨는지 눈으로 직접 확인할 수 있었다. 아이들의 마음밭은 정말이지 말씀으로 금방 새롭게 기경되었다. 말씀이 심어져야 마음도 자란다.

이렇게 세 가지 질문으로 소그룹을 진행한 결과는 대만족이었다. 처음에는 아무런 결실도 없는 듯했으나 시간이 지날수록 열매가 탐스럽게 열렸다. 우선 가장 큰 은혜는 개척 초기 유일한 청소년이던 어느 집사님 자녀의 말씀 듣는 능력이 크게 향상된 일이다. 나는 교회학교 학생의 가장 큰 문제가 설교 시간에 듣지 않는다는 것임을 설교 요약을 시켜 보면서 알게 되었다. 그래서 '들을 귀'를 달라고 거듭 기도했고, 나중에는 아이의 부모님과 합심해서 기도했다. 그 결과는 정말 감사했다. 말씀을 듣는 귀가 열렸을 뿐만 아니라 수업 시간에도 잘 듣다 보니 학교 성적까지 올라서 원하는 대학에 무난히 입학하게 되었다.

우리는 이제 모두 멈춰서 머리를 맞대고 다시 생각해야 한다. 부모가 먼저 기도하며 자녀의 존재 자체를 보석처럼 기뻐해야 자녀가 이 험한 세상을 살아갈 새 힘을 얻게 된다. 사춘기부터는 자녀를 절대 무시하지 말고 어른으로 대접해 주자. 자녀는 부모와 함께 하나님 앞에서 예배자가 되고 부모와 동등한 자격으로 식탁 교제를 나눌 때 예절 바르고 자존감이 건강한 사람으로 자라게 된다. 나는 이 세상이 아무리 척박해져도 아이들을 살리는 길은 예배와 식사에 있다고 생각한다.

자녀와 함께 시편도 읽고, 위인전도 읽자. 손에서 스마트폰을 내려놓고 자녀의 눈을 바라보며 웃어 주고 격려해 주자. 반찬 한 가지에 국 한 그릇이라도 정성껏 밥상을 차리고 즐거워하는 시간을 갖자. 공부를 잘해서가 아니라 존재 자체로 소중하고 사랑스러운 자녀임을 날마다 확인시켜 주자. 그러면 아이들은 사춘기를 지나는 동안 인생의 크기가 성큼성큼 자란다. 또한 말씀으로 생각이 보석처럼 빛나고 권위에 순종할 줄 알며 하나님의 비전을 품은 아름다운 청년으로 빚어지게 된다.

목숨을 거는 신앙 전통이 필요하다

유대인은 율법을 목숨처럼 지키면서 유구한 세월 동안 신앙의 전통을 이어 가고 있다. 그렇다면 그리스도인의 신앙의 전통은 무엇인가? 그리스도인 부모가 자녀의 신앙을 위해 무엇을 가르쳐야 하는가?

유대인들에게 율법이 있다면, 우리에게는 주일 성수가 있고 말씀을 기준으로 삶으로 드리는 생활예배가 있다. 만일 여행이나 학원 등이 주일 성수를 하는 데 걸림돌이 된다면 내가 섬기는 분이 하나님인지, 나 자신인지 생각해 봐야 한다. 내 마음에 세상 신과 타협하고 싶어 하는 탐심이나 게으름이 있으면 주일 성수는 정말 지키기 어렵다.

나는 초신자일 때부터 주일 성수를 목숨처럼 지켰다. 주일 성수까지 타협하면 그밖의 다른 신앙생활은 한순간에 무너질 것이라 생각했기 때문이다. 주일에는 결혼식도 안 가고(대신 축의금은 성의껏 전달했다), 개인적인 모임에도 절대 안 나갔다. 아이의 아람단 활동도, 학원 수업도 주일에는 절대 불가였다.

요즘 아이들은 부모보다 더 바쁘기 때문에 주일에 각종 경시대회와 외부 활동에 참여하느라 주일예배를 자주 빠진다. 이것이 당장은 별것 아닌 것 같아도 자녀가 성인이 되어 결혼을 하고 아기를 낳아 부모가 되면 그들은 자연스럽게 하나님을 떠나서 세상 신이 지배하는 혼미한 마음으로 세상을 살아갈 것이다.

부모가 신앙생활의 기준을 제대로 제시하지 못하면 자녀는 교회와 예배와 하나님까지 소홀히 여기게 된다. 부모가 먼저 이런저런 이유로 주일 예배를 빠지고, 예수님을 믿는 믿음을 필수가 아닌 선택 사항으로 여기기 시작하면, 영적 자살 행위를 하는 것이나 마찬가지다. 그러므로 부모가 먼저 예배를 사모하고 몸과 마음을 거룩한 산 제사로 드리는 데 목숨을 걸어야 한다.

자식을 향한 비전과 소망을

욕심과 구별하기가 결코 쉽지 않다.

그래서 자녀를 양육하다 보면 죄가 틈타기 정말 좋다.

내 뜻과 내 욕심에 따라 강청하는 기도가 아니라

먼저 주님의 생각을 여쭤 보는 기도를 해야 할 때다.

만남 5

자녀 마음을 건강하게 하는 부모 실천 솔루션

말씀을 암송하고 일상생활에서 실천하기

> 이 예언의 말씀을 읽는 자와 듣는 자와 그 가운데에 기록한 것을 지키는 자는 복이 있나니 때가 가까움이라 (계 1:3)

예배는 교회에서 드리는 주일예배와 삶에서 드리는 생활예배가 있다. 둘 다 중요하다. 그러나 이 책에서는 부모가 가정에서 꼭 해야 하는 생활예배에 대해서 나누고 싶다.

생활 예배자는 일상생활에서 말씀에 순종하는 삶을 살려고 노력하는 사람이다. 거짓말하고 싶어도 말씀에 순종해 피 흘리기까지 싸워서 정직히 말하고, 술 취하지 말라는 말씀에 순종해 술의 유혹을 물리치며, 누군가를 험담하고 싶어도 비판하지 말라는 말씀을 따라 죽기 살기로 입술에 파수꾼을 세우는 것이 생활 예배자로 살아가는 모습이다. 성경적 기준을 세우고 일상생활에서 최선을 다해 실천하는 것이야말로 하나님이 기뻐하시는 거룩한 산 제사다(벧전 2:9).

내가 성경적 자녀양육 과정에서 두려움에 사로잡힌 마음의 병을 고칠 수 있었던 비결은 오직 말씀 암송과 반복적으로 말씀을 생각하는 것이었다. 그것은 또한 일상생활에서 성경적 기준을 세우고 생활예배를 드린 것이기도 했다.

두려울 때마다 나는 암송한 말씀을 재빨리 생각해 냈다. 말씀이신 예수님께 집중하면서 마음에 새기듯 반복해서 말씀을 외우며 기도했다. 그렇게 반복하여 잡다한 내 생각을 물리쳤다. 나는 어두워진 마음 속에서 말씀의 스위치를 켰다. '주님!' 하고 부르기만 해도 말씀의 스위치가 켜졌다. 정말이지 말씀은 '성경적 마음'을 회복하는 최고로 완전무결한 치료약이었다.

하지만 당시 나는 단 한 번도 성경 전체를 완독한 적이 없었다. 뭘 모르던 초보 엄마 시절에는 성경을 아무 데나 펴서 읽었다. 그럼에도 불구하고 한 말씀만이라도 믿고 외우면, 마음의 생각이 한 가지씩 변화됐다.

사실 초신자에게 성경은 읽기 쉬운 책이 아니다. 한글로 쓰여 있긴 한데 도무지 무슨 말인지 모를 때가 많다. 성경이 66권인지도 모르고, '요'가 요한복음의 약자인 것도 모르고, 어느 말씀을 삶에 적용해야 할지도 몰랐다. 나는 한밤중에 아이가 열이 나서 펄펄 끓어오르면 두려워서 울다가 아무 데나 성경책을 펴 들었다. 당시 내가 마음의 두려움을 직접적으로 내쫓을 수 있는 말씀을 펴든 것은, 나를 불쌍히 여기신 하나님의 특별한 도우심이었다.

당시에 내 눈이 번쩍 뜨일 만큼 위로가 된 말씀은 이사야서 44장 1-8절 말씀이다.

> [1] 나의 종 야곱, 내가 택한 이스라엘아 이제 들으라 [2] 너를 만들고 너를 모태에서부터 지어 낸 너를 도와줄 여호와가 이같이 말하노라 나의 종 야곱, 내가 택한 여수룬아 두려워하지 말라 [3] 나는 목마른 자에게 물을 주며 마른 땅에 시내가 흐르게 하며 나의 영을 네 자손에게, 나의 복을 네 후손에게 부어 주리니 [4] 그들이 풀 가운데에서 솟아나기를 시냇가의 버들같이 할 것이라 [5] 한 사람은 이르기를 나는 여호와께 속하였다 할 것이며 또 한 사람은 야곱의 이름으로 자기를 부를 것이며 또 다른 사람은 자기가 여호와께 속하였음을 그의 손으로 기록하고 이스라엘의 이름으로 존귀히 여김을 받으리라 [6] 이스라엘의 왕인 여호와, 이스라엘의 구원자인 만군의 여호와가 이같이 말하노라 나는 처음이요 나는 마지막이라 나 외에 다른 신이 없느니라 [7] 내가 영원한 백성을 세운 이후로 나처럼 외치며 알리며 나에게 설명할 자가 누구냐 있거든 될 일과 장차 올 일을 그들에게 알릴지어다 [8] 너희는 두려워하지 말며 겁내지 말라 내가 예로부터 너희에게 듣게 하지 아니하였느냐 알리지 아니하였느냐 너희는 나의 증인이라 나 외에 신이 있겠느냐 과연 반석은 없나니 다른 신이 있음을 내가 알지 못하노라 (사 44: 1-8)

기도도 할 줄 모르니 나는 무조건 이 말씀을 몇 번이고 소리 내어 읽었다. 아이가 유치원 캠프에 갔을 때도 반복해서 읽었고, 아이가 수술 중일 때도 이 말씀을 펴서 읽고 또 읽었다. 특히 "두려워하지 말라"는 말씀을 소리 내어 계속 읽다 보면 나를 덮칠 것만 같던 인생의 폭풍우가 잠잠해지는 것 같았다.

"두려워 말라고 하시니 그렇게 해 보겠습니다! 겁내지 말라고 하시니 그렇게 해 보겠습니다!"

그러나 나를 도와주실 여호와 하나님이 '두려워 말라'고 하시니 두려워하지 않기로 결심해도 두려움은 쉽사리 사라지지 않았다. 더구나 그 말씀을 정말로 믿고 반복해서 순종하는 일은 더 어려웠다. 상황만 되면 '두려움'이란 괴물이 순식간에 내 마음을 장악해 버렸기 때문이다.

아이를 유치원에 보낸 뒤부터 나는 본격적으로 성경을 읽기 시작했다. '일대일 제자양육 성경공부'도 시작했다. 그러면서 그동안 즐겨 보던 소설책도, TV 드라마와 음악도 모두 끊었다. 내 속에 자리 잡은 잡다한 세상적 지식과 고집스런 생각, 몸에 익은 습관들이 워낙 많아서 두려움을 몰아내는 데 도움이 되지 않는다고 생각했기 때문이다.

오직 TV 뉴스와 종이신문을 통해 세상과 접하기로 했다. 모두 나처럼 할 필요는 없겠지만, 만일 그 당시 나처럼 도무지 자신의 마음 가운데 예수님이 들어오실 틈이 없어 보인다면, 일정한 기간을 정해 '미디어 금식'을 해보기를 권한다. 눈에 띄는 변화를 체험하게 될 것이다.

당시 나는 밥을 굶는 것보다 '책, 소설, 드라마, 영화'를 굶는 것이 절실하다고 생각했다. 지금에 와서 깨닫는 것이지만, 하나님이 내게 꼭 맞는 지혜를 주셨던 것이다. 그 무렵에는 친구들도 거의 만나지 않았다. 말씀 읽고 교회 가서 성경공부 하고 밥하고 빨래하고 청소하고 아이 돌보는 일상을 무한 반복했다. 날마다 아이와 함께 말씀을 외우고 특히 '두려워하지 말라'는 말씀에 마음을 집중하며 생활을 최대한 단순화하니까 두려움의 강도와 걱정의 횟수가 차츰 줄어들기 시작했다.

> [6] 아무것도 염려하지 말고 다만 모든 일에 기도와 간구로, 너희 구할 것을 감사함으로 하나님께 아뢰라 [7] 그리하면 모든 지각에 뛰어난 하나님의 평강이 그리스도 예수 안에서 너희 마음과 생각을 지키시리라 (빌 4:6-7)

말씀 암송은 점점 큰 힘이 되었다. 예수님이 제자들에게 직접 하신 말씀도 큰 위로가 되었다. 일대일 제자양육 성경공부를 인도해 주시던 이기복 선생님도 나에게 특별히 요한복음 14장 27절 말씀을 외워 오라는 숙제를 내 주셨다.

> 평안을 너희에게 끼치노니 곧 나의 평안을 너희에게 주노라 내가 너희에게 주는 것은 세상이 주는 것과 같지 아니하니라 너희는 마음에 근심하지도 말고 두려워하지도 말라 (요 14:27)

기억해 보면, 교회 전도사님이 처음으로 우리 집에 심방 오셨을 때 선물로 성경책을 가져오셨는데, 맨 앞 장에 펜으로 "강하고 담대하라 두려워하지 말며 놀라지 말라"(수 1:9)는 말씀을 써 주셨다. 내가 하나님을 만나는 데 가장 큰 걸림돌이 '두려움'인 것을 하나님이 이미 알려 주신 것 같았다. 전후문맥을 알 리 없지만 그 말씀은 내 마음에 강렬하게 새겨졌다.

만일 '걱정염려 주식회사'가 있다면 단연코 내가 최대 주주로서 오너의 자리에 앉아도 손색이 없을 것 같던 시절에, 바로 이 말씀을 자주 큰 소리로 읽으면서 두려움을 물리치는 일에 집중했다. 그러면서 내 마음속에 짙게 드리운 걱정과 두려움의 안개가 차츰차츰 물러가기 시작했다.

> [7] 오직 강하고 극히 담대하여 나의 종 모세가 네게 명령한 그 율법을 다 지켜 행하고 우로나 좌로나 치우치지 말라 그리하면 어디로 가든지 형통하리니 [8] 이 율법책을 네 입에서 떠나지 말게 하며 주야로 그것을 묵상하여 그 안에 기록된 대로 다 지켜 행하라 그리하면 네 길이 평탄하게 될 것이며 네가 형통하리라 [9] 내가 네게 명령한 것이 아니냐 강하고 담대하라 두려워하지 말며 놀라지 말라 네가 어디로 가든지 네 하나님 여호와가 너와 함께 하느니라 하시니라 (수 1:7-9)

지금 걱정과 두려움 때문에 고통받는 분이 있다면 말씀을 반복해서 읽은 후 다음과 같이 기도를 드렸으면 한다.

"하나님 아버지, 제 안에서 수시로 나타나는 두려움을 예수님의 평안으로 고쳐 주세요. 용서해 주세요. 제가 또 하나님 말씀을 믿지 못하고 걱정하고 근심하고 두려워했습니다. 이렇게 믿음이 없는 저를 불쌍히 여겨 주세요. 예수님이 제 마음속에 빨리 들어와 주셔서, 두려움을 내쫓아 주세요. 주님, 도와주세요. 제 마음을 다스려 주세요. 두려움을 물리쳐 주시고 말씀대로 믿는 힘을 주세요. 예수님의 이름으로 기도합니다. 아멘."

자녀의 인생이 승리하는 확실한 방법은 하나님을 영화롭게 하는 삶을 사는 것이다. 그런데 이 말이 참 어렵다. 영화롭게 하는 게 무엇인지 처음부터 잘 알 수가 없다. 그런데 수학 문제를 풀 때 공식에 대입하면 답이 나오듯이, 말씀에 순종하면서 우리의 삶을 하나님 말씀의 공식에 대입하면 약속하신 답이 나온다는 걸 알게 된다.

자녀 앞에서 절대 싸우지 않기

> 아내들아 남편에게 복종하라 이는 주 안에서 마땅하니라 남편들아 아내를 사랑하며 괴롭게 하지 말라 (골 3:18-19)

아들이 만 15세에 대학에 들어가자, 우리 부부는 갑자기 중·고등학교 자녀에서 성인 자녀를 지켜봐야 하는 입장이 되었다. 사실 아들은 너무 일찍 대학생이 되다 보니 육체적 나이, 정신적 나이, 정서적 나이,

신앙의 나이, 사회적 나이가 모두 불균형의 극치를 이루고 있었다. 되돌아보면, 우리 부부도 개척교회를 세우고 험난한 목회 여정에서 마음고생, 몸 고생 하느라 여러 가지 불균형을 겪고 있기는 마찬가지였다. 어느 날 열다섯 살에 대학생이 된 아들이 이렇게 물었다.

"엄마 아빠, 결혼해서 정말 좋으세요?"

우리 부부는 둘 다 지체 없이 말했다.

"응, 좋아. 엄마 아빠가 이 세상에서 제일 잘한 일이 예수님 믿은 일하고 결혼한 일이야. 우리가 결혼 못했으면 큰일 날 뻔한 거지. 너처럼 소중한 아들도 못 낳고 부모도 못 됐을 거고."

중년이 된 부모가 둘 다 입을 모아 결혼하기 잘했다고 하니 가장 흐뭇한 사람은 내 아들이었을 것이다. 알고 보니 대학 친구 중에 이혼 위기에 놓인 부모가 있어서 아들도 자기 부모가 안전한가 궁금해서 뜬금없이 그런 질문을 한 것이었다.

부모들은 아이들 걱정 때문에 인생이 힘들다고 하소연하지만, 사실 부모들 때문에 걱정도 많고, 위기에 놓인 아이들도 참 많다. 요즘 대한민국에서 가장 위험한 세대가 바로 중년과 노년이 아닐까 한다. 중년이혼, 황혼이혼이 급증하는 것만 봐도 그 위기가 어떠한가를 짐작할 수 있다.

가정 파괴는 하나님의 소통 질서를 잃어버린 세대가 감당해야 하는 혹독한 대가다. 아이들 문제는 부부가 힘을 합해 자녀를 위해 기도하고 하나님의 은혜를 구하면 하나님의 때에 해결된다. 하지만 부모가 위기를 맞으면 자녀들이 그 문제를 해결하기 위해 할 수 있는 일이 아무것도 없다. 오히려 부모의 병든 모습 때문에 자녀가 더 큰 위기를 맞는다. 서로 싸우고, 무시하고, 비난하고, 망가져 가는 부모의 모습을 보며 자녀가 커다란 상처를 입는다. 어릴수록 그 상처는 더 심하다.

내 자녀의 상한 심령을 회복시키기 위해 나와 배우자의 상한 마음을 먼저 살펴볼 수 있어야 한다. 이것이 바로 그리스도인 부모가 반드시 자기 마음의 동기와 자녀의 마음에 관해 늘 기도하며 말씀에 비추어 자기 성찰을 해야 하는 까닭이다.

성경은 부모 때문에 자녀가 피해를 입은 사례를 기록하고 있다. 바로 가인과 아벨이다. 그들은 아담과 하와의 죄로 인한 최초의 피해자가 아닐까 생각한다. 어린 자녀는 부모가 허락한 환경에서 살 수밖에 없기 때문이다. 부모가 조금만 어려운 일이 생겨도 서로 책임을 미루고, 비난하고, 무시한다면, 자녀는 자라면서 부모의 반목과 미움, 갈등을 학습할 수밖에 없다. 가인이 아벨을 질투하고 미워한 것은 타고난 성품이라기보다 학습된 결과일 가능성이 크다. 그러므로 부모가 먼저 하나님과의 관계가 회복되어야 자녀들이 축복의 길을 갈 수 있다.

미국의 한 연구에 의하면, 부부싸움을 속수무책으로 봐야 하는 어린 자녀들의 공포지수는 전쟁 중에 군인의 머리 위로 총탄이 오가고 폭격이 쏟아지는 전시 상황의 공포와 맞먹는다고 한다.

부모는 자녀가 서로 싸우면 훈계한다. 그런데 정작 자신들은 싸우고 싶으면 그냥 싸운다. 너무나 이기적이고 자기중심적인 모습이다. 부부싸움을 할 때 자녀가 겪을 공포를 생각한다면 자녀가 보는 앞에서 싸워선 안 된다. 모든 부모가 자녀를 바르게 훈계하기 위해 스스로 조심하고 삼갔다면 세상은 지금보다 훨씬 살 만했을 것이다.

그러나 불행하게도, 하나님을 떠난 인간에게는 그럴 능력이 없다. 최초의 아담과 하와가 그랬듯이 인간에게는 부부끼리 서로 사랑하고 섬기고 피차 복종할 수 있는 능력이 상실되었다. 그래서 주님은 억지로라도 "그리스도를 경외함으로 피차 복종하라"(엡 5:21)고 하셨다.

지난 시간을 돌아보면 우리 부부도 위기의 순간이 많았던 것 같다. 위기를 만날 때마다 남편과 나는 의견이 일치되지 않아 갈등했다. 하지만 다행스럽게도 아들 앞에서 부부싸움을 한 적은 없다. 혹시 다퉈야 할 필요가 있는 사안인 경우, 밖에서 따로 만나거나 아이가 없는 데서 싸웠다. 위기는 우리 부부에게 피차 존중하고 복종하는 일체의 비결을 배우게 했다. 위기가 없으면 갈등이 생겼을 때 해결할 방법을 알지 못한다. 관계의 위기를 어떻게 대처해야 하는지, 어떻게 의사소통을 해야 하는지 배운 적이 없기 때문이다.

> [22] 아내들이여 자기 남편에게 복종하기를 주께 하듯 하라 [23] 이는 남편이 아내의 머리 됨이 그리스도께서 교회의 머리 됨과 같음이니 그가 바로 몸의 구주시니라 [24] 그러므로 교회가 그리스도에게 하듯 아내들도 범사에 자기 남편에게 복종할지니라 [25] 남편들아 아내 사랑하기를 그리스도께서 교회를 사랑하시고 그 교회를 위하여 자신을 주심 같이 하라 (엡 5:22-25)

우리 부부는 이 말씀을 부부간의 소통 질서로 늘 마음에 심고 지켜

왔다. 특히 나는 이 말씀을 진짜로 따라 살려다 몇 번이나 순교할 뻔했다. 하나님의 말씀이지만 정말 지키고 싶지 않아 부담스러웠다. 눈에 보이는 남편에게도 순종하는 일이 얼마나 어렵던지, 눈에 보이지 않는 예수님께 불순종하는 일은 정말 식은 죽 먹기일 수밖에 없었다.

무엇보다 가장 큰 순종의 결단이 필요했던 사건은 남편이 목회하겠다고 했을 때였다. 하도 순종하기 힘들어서 5년이나 못 들은 척했고, 목회자가 되려면 이혼하고 하라고 애가 안 보는 데서 싸우기도 했다. 그러다 목숨까지 잃을 뻔했다. 하지만 나는 이 말씀을 우리 가정의 교통질서로 여기고 운전연수 하듯이 매번 연습하고 훈련했다. 하나님이 성령의 감동하심으로 부부에게 이 같은 소통 질서를 주신 것은, 인류 첫 번째 가정에서 일어난 살인사건에 대한 아픈 기억 때문이라고 생각한다. 예수님도 형제를 미워하거나, 형제에게 라가(바보)라고 하는 것은 이미 살인하는 것이나 마찬가지라고 가르치시며 율법의 기준을 최고의 수준으로 높여 주신 것을 보면 알 수 있다.

자녀를 노엽지 않게 하기

자녀의 거듭되는 불순종이 무엇인지, 부부간에 거듭되는 갈등의 원인이 무엇인지, 하나님과의 관계에서 거듭되는 불순종이 무엇인지를 먼저 통찰하는 것이 자녀를 양육하는 데 도움이 된다.

자녀를 양육하면서 일어나는 문제는 당장 다스려서 해결할 수 있는 것도 있지만, 가정마다 길들여진 습관과 분위기, 태도로 인한 문제처럼 하나님의 안목을 가지고 오랜 시간 다스려야 하는 것도 있다. 그리고 어떤 문제를 다스리든 하나님의 지혜를 구해야 한다.

하나님은 우리에게 부모로서, 모범으로서 자녀를 가르치고 인도할 책임을 주신 동시에 하나님을 대신하는 권위도 주셨다. 그래서 우리는 모두 '자녀를 노엽게 하지 말고, 오직 주의 교훈과 훈계로 양육'할 책임과 의무를 동시에 하나님께 위임받았고 그럴 능력도 받았다.

성경은 왜 자녀를 노엽게 하지 말라고 했을까? 아이들은 자라는 과정에 있으므로 당연히 어른보다 부족한 게 많다. 그런데 어른들은 자기 수준에서 아이들을 대하거나 약자라서 우습게 볼 때가 많다.

만일 "목사님 딸이 왜 그러니?", "아버지가 선생님이라면서 학교에서 행동거지가 그게 뭐니?", "어린것이 뭘 안다고 끼어들어?", "내가 너를 모르니? 어디서 거짓말하려고 들어?" 등 지나치게 기대하거나 무시하거나 지적하거나 억울하게 하면 아이들은 노엽다. 그런데 문제는 이 노여움이 마음속에서 나쁜 씨앗으로 심어져 쓴 뿌리가 된다는 것이다. 특히 사춘기는 이미 심겨진 나쁜 씨앗이 저마다 나쁜 열매를 나타내기 시작하는 때다.

사실 아무리 머리로 알아도 성경 말씀을 삶의 최고 가치와 기준으로 삼으려면 옛 생각의 가지를 가위로 자르는 수준으로는 불가능하다. 내 경험에 의하면, 아예 그 근원이 되는 뿌리를 뽑아야 말씀의 씨앗을 새롭게 파종할 수 있다. 옛 생각의 뿌리가 마르고 뽑혀야지 새 생각이 뿌리를 내리고 순을 낼 수 있다. 마음의 회복은 거룩성의 회복이다.

자녀의 언어습관은 곧 나의 언어습관이다

> 우리가 다 실수가 많으니 만일 말에 실수가 없는 자라면 곧 온전한 사람이라 능히 온몸도 굴레 씌우리라 (약 3:2)

말은 마음에서 나온다. 자녀의 언어습관은 태어나면서부터 수없이 들었던 엄마 아빠의 언어습관을 닮게 마련이다. 특히 어린 자녀는 엄마의 언어습관을 그대로 닮는다. 이 말에 수긍이 가지 않는다면, 일단 나와 자녀의 대화를 녹음해서 들어 보라. 그런 다음 자녀가 다른 사람과 나누는 대화를 들어 보라. 자녀가 어릴수록 엄마의 언어습관을 빼다 박은 듯이 똑같다는 걸 금방 눈치 채게 될 것이다.

급한 부모에게서는 급한 자녀가 나오고 사나운 부모에게서는 사나운 자녀가 나온다. 순종이 몸에 배지 않은 부모에게는 불순종하는 자녀가 나오고 비아냥거리는 부모에게서는 비아냥거리는 자녀가 나온다.

최근에 강의를 나간 교회에서 어떤 엄마가 상의할 게 있다면서 나를 따라왔다.

"사모님, 아까 자녀가 사춘기가 되면 불순종이 더 심해진다고 하셨잖아요. 제 딸이 중학생인데요. 요즘 어찌나 불순종하고 사납게 말하는지 어떻게 해야 할지 모르겠어요."

주어진 시간이 짧은데 하도 다급해 보이니 하나님께 지혜를 구하여 짧게 대답해 주었다.

"우선 집에서 남편이나 자녀분과 대화할 때나 전화할 때, 스마트폰으로 음성 녹음을 한번 해 보세요. 가족이 주로 사용하는 말투가 객관적으로 들릴 것이고, 가족의 언어습관을 돌아보는 계기가 될 거예요. 그러면 기도 제목이 마음 가운데 떠오르실 거예요. 그때부터 하나님께서 집사님 가정의 언어생활에 도움을 주세요. 말과 관련된 성경 말씀을 찾아서 순종하시면, 가족의 언어생활도 변화되고 사춘기 딸의 언어습관도 변화될 거예요."

유난히 거슬리는 자녀의 말투가 있다면, 반드시 부부 중에 어느 한 사람의 말투가 그러할 것이다. 또 부부간에 갈등이 많으면 자녀의 말투가 고울 수 없다. 부부가 서로 존경하고 순종하는 모습을 보고 자란 자녀는 말투가 사나울 수 없다.

우리를 창조하신 하나님은 이미 말과 마음의 관계를 아시고, 성경에 그와 관련된 지혜를 적어 두셨다. 이 말씀들을 암송하고 기도하면서 나와 가족의 언어습관을 돌아보면 언어습관도 고치고 마음밭도 고침 받게 될 것이다.

여기 바른 언어습관에 지침이 되는 말씀을 적어 둔다. 자녀와 함께 암송하며 기도하기 바란다.

비속어를 자주 쓸 때

무릇 더러운 말은 너희 입 밖에도 내지 말고 오직 덕을 세우는 데 소용되는 대로 선한 말을 하여 듣는 자들에게 은혜를 끼치게 하라 (엡 4:29)

선한 사람은 마음에 쌓은 선에서 선을 내고 악한 자는 그 쌓은 악에서 악을 내나니 이는 마음에 가득한 것을 입으로 말함이니라 (눅 6:45)

거짓말이 습관이 되었을 때

네 혀를 악에서 금하며 네 입술을 거짓말에서 금할지어다 (시 34:13)

거짓 증인은 벌을 면하지 못할 것이요 거짓말을 뱉는 자는 망할 것이니라 (잠 19:9)

그러나 너희 마음속에 독한 시기와 다툼이 있으면 자랑하지 말라 진리를 거슬러 거짓말하지 말라 (약 3:14)

거짓을 행하는 자는 내 집 안에 거주하지 못하며 거짓말하는 자는 내 목전에 서지 못하리로다 (시 101:7)

한 가지 말씀이라도 순종해 보면 마음의 잡동사니가 떠나가고 마음밭이 기경된다는 걸 알게 된다. 그리스도인 부모는 자신과 자녀의 마음밭에서 자라나는 마음과 말과 생각을 부지런히 성경적으로 변화시켜야 할 책임이 있다. 마음이 바뀌어야 생각이 바뀌고, 생각이 바뀌어야 언어가 바뀐다. 자녀가 몸만 건강해서는 건강한 인생을 살 수 없다. 영육 간에 건강한 자녀로 성장하기 위해서는, 부모와 자녀의 마음밭이 성장하도록 말씀에 순종하는 결단이 필요하다.

> 너희가 자기를 위하여 공의를 심고 인애를 거두라 너희 묵은 땅을 기경하라 지금이 곧 여호와를 찾을 때니 마침내 여호와께서 오사 공의를 비처럼 너희에게 내리시리라 (호 10:12)

좌절을 이기는 마음의 근육 길러 주기

많은 부모들이 공통적으로 바라는 실현 불가능한 염원이 하나 있다. 자녀가 어떤 시련도 겪지 않는 인생을 사는 것이다. 그러나 성경은 어느 누구도 시련이나 좌절을 겪지 않는 인생은 없다고 말한다. 심지어 성경은 여러 가지 시험을 당하거든 온전히 기쁘게 여기라고 권면한다. 최소한의 시험 내지는 완전한 무시험 인생을 바라는 것은, 자녀가 스스로 이 세상을 끝까지 살아 낼 기초 체력을 키우지 않겠다는 말과 같다. 그러므로 부모의 역할 중에 중요한 한 가지는 좌절을 이기는 마음의 근육을 길러 주는 일이다. 이 근육은 하나님이 허락하시는 시련을 통해서 훈련되고 강화된다. 다시 말해 어느 자녀에게나 하나님이 허락하시는 믿음의 시련이 반드시 필요하다(약 1:2-4).

좌절과 실패, 불편함과 지루함, 낙심과 절망 등은 모두 믿음의 시련으로 배운 인내의 근육이 생겨야 통과할 수 있다. 시련과 시험은 우리가 '온전하고 구비하여 조금도 부족함이 없게' 하려는 목적이 분명한 하나님의 계획이다. 혹시 나는 내 자녀를 향한 하나님의 계획을 방해하는 부모는 아닌지 살펴보자.

내가 병원에 입원했을 때의 일이다. 그 한 달간은 그야말로 비상사태였다. 교회를 개척한 지 3년째 되던 해부터, 여러 번 쉬어야 할 때라고 몸에서 신호를 보냈으나 일에 치여서 무시하다가 생긴 병이었다. 하지만 그 한 달은 내게 정신적, 육체적, 영적인 유익이 참 컸다. 더구나 생각지도 못한 아들의 변화가 두드러졌다. 마치 과잉보호하는 엄마가 알지도 못하고 가르치지도 못하고 있으니, 하나님이 특별수업을 시키시겠다고 작정한 것 같았다. 집에서는 게으르기로 유명한 아들이 매일 식사 후에 설거지를 자처한 것이다.

세탁기와 청소기 돌리기는 아빠가, 설거지는 아들이 맡아서 집안일을 소화해 냈다. 하나님은 나의 병원 입원을 계기로 가족 간의 가사 분담을 훈련시켜 주셨다. 남에게 시킬 줄 몰라서 누가 알아서 해주기 전에는 사소한 부탁도 못하는 내 고질병도 고쳐 주셨다. 아무리 일이 많아도 혼자서 낑낑거리다가 속상해서 화를 내곤 했는데, 내가 효율적인 가정교육을 못하고 있으니 하나님이 직접 나서신 듯했다. 나는 그 기간 이후로 무거운 짐을 드는 일이나 쓰레기봉투 버리는 일은 당당하게 아들에게 떠맡기게 되었다.

나중에 보니 이것은 아들에게 매우 중요하고 꼭 필요한 교육이었다. 가족을 떠나 혼자 생활해야 했던 신림동 고시원 시절, 사법연수원 시절, 군법무관 시절 동안 기초적인 생활 훈련을 받은 덕분에 아들은 홀로서기를 무사히 할 수 있었다. 아들은 요즘 대형 로펌의 전문 변호사 5년 차로서 건강하게 생활하고 있다.

자녀가 공부를 잘하든 못하든 무엇보다 먼저 생활인으로서 기본기를 익히는 게 중요하다. 아이들은 사소하고 귀찮은 집안일을 통해 귀차니즘을 극복하고 소소한 좌절까지도 거뜬히 이겨 내는 마음의 작은 소근육들을 발달시킬 수 있다. 자칫 소홀하게 여길 수 있는 청소, 설거지, 물건 정리, 음식 만들기 등은 마음 치료에도 큰 효과가 있음이 의학적으로도 밝혀지고 있다.

우리 가족은 한동안 '기억하라 오병팔!', '조심하자 오병팔!'이란 구호를 외친 적이 있다. 오병팔은 남편의 친구 아들을 지칭하는 이름이다. 물론 실명은 아니고 그 당시 개그 프로그램에 등장했던 캐릭터 이름이다.

언젠가 교회로 남편 친구가 와서 자식 키우는 이야기를 하다가 간 모양이었다. 친구는 매일 출근길에 중학교 1학년의 작은아이를 학교까지 데려다주었는데 어느 날 자신이 자식 교육을 제대로 하지 못했다는 생각이 드는 사건이 있었단다. 그날은 유난히 차가 막혔고 학교 정문 앞까지 차들이 길게 늘어서 있어서 아들을 길 건너편에 내려 주었단다. 그랬더니 먼 거리도 아니고 조금만 수고하면 되는데도 녀석이 성질을 부리며 차에서 내리더라는 것이다. 그날, 친구는 아무 걱정 없이 공부할 수 있도록 뒷바라지하는 것으로는 자녀교육을 제대로 시킬 수 없음을 깨닫고 다음 날부터 아들을 학교까지 데려다주는 일을 그만두었다고 한다.

남편의 친구가 다녀간 그날 이후 우리 부부 사이에 '조심하자 오병팔, 기억하라 오병팔!'은 서로에게 경각심을 일깨워 주는 구호가 되었다.

"기억하라 오병팔! 고마워할 줄도 모르는 자식에게 자꾸 뭘 해다 바치는 건 자식을 망치는 길이야! 아들과 우리 자신을 위해 오병팔을 기억하자!"

아들은 우리 부부 사이에만 통하는 이 구호를 처음에는 알아듣지 못하다가 나중에야 스스로 유추해서 그 실체를 알아냈다. 이 구호를 외칠 때 나타나는 우리 부부의 행동을 면밀히 관찰하고 아들이 터득한 결론은 이

랬다.

첫째, 그 아이는 실존인물이지만 실명은 아니다.

둘째, 엄마 아빠가 자기한테 무언가 과잉으로 하지 않으려고 결심할 때 이 구호가 등장한다.

셋째, 병팔이 이름만 들으면 엄마가 갑자기 하던 일을 멈추고 생각하기 시작한다.

"너, 이 쓰레기 좀 버리고 와라. 음식물 쓰레기는 분리수거통에 넣고…."

"엄마가 차로 데려다주고 싶어도 시간이 안 돼서 어쩌니? 늦어도 할 수 없이 버스 타고 가야겠다."

"이미 식권 사 줬는데 무슨 밥값이 필요한 건데? 원래 학생 때는 배도 고프고 그러는 거야."

사태를 파악한 내 아들이 한 술 더 뜬다.

"그러니까 저더러 배고프면 수돗물이라도 먹고 배를 채우라는 거지요? 낄낄."

남편은 옆에서 내 어깨를 다독이며 잘한다고 응원해 준다. 아들은 남편과 내가 대동단결해서 저를 힘들게 하는데도 화내거나 삐치지 않는다. 오히려 자신의 엄마 아빠라서 고맙단다. 어쩌다 용돈이 떨어지면 "엄마가 해준 밥이 세상에서 제일 맛있어요." 하면서 넉살을 부린다. 매주 주는 용돈에서 5천 원이라도 더 주면 좋아서 죽는다. 아무래도 아들은 곰의 얼굴을 한 여우인 모양이다.

"하나님, 여우 얼굴을 한 곰이 아니어서 너무 감사합니다. 우리 아들

잘 키워 주셔서 감사합니다."

 실수를 이야기하도록 자녀를 용납하기

"엄마 나 오늘은 학교 도저히 못 가겠어요."

명색이 대학생인 아들이, 아침밥을 실컷 먹어 놓고는 뜬금없이 학교에 가지 않겠다고 했다. 내가 그동안 '주교양 양육법'을 공부하고 실천한 내공이 있었으니 망정이지 당장에 송곳 같은 비난으로 아이의 마음을 마구 찔러댔을 상황이었다.

"왜 못 가는데?"

"너무 졸려요. 이런 상태로 학교 가 봐야 공부도 안 될 거예요. 차라리 좀 더 자고 가면 안 될까요?"

"어디 아픈 건 아니고?"

"잠이 부족해요 요즘…."

"너처럼 충분히 자는 놈이 어딨다고 잠이 부족하다니? 신생아들이 너희 학교 앞에 가서 피켓 들고 데모하겠다."

"엄마~ 오늘 하루만 봐줘요."

"봐주긴 엄마가 뭘 봐줘! 대학생이면 이제 성인인데, 네가 다 알아서 해야지. 모든 일이 이제 다 네 책임이야. 이런 일로 너랑 공연히 실랑이 벌이기 싫다."

말에 아직 여기저기 가시가 돋치긴 했지만, 화는 내지 않았으니 여기까진 제법 우아를 떤 것 같다. 그러다 문득 이대로 아들의 말에 동조했다간 결핏하면 아침 수업을 빼먹겠다 싶었다. 슬그머니 진짜 하고 싶은 말을 꺼내기 시작했다.

"엄마도 요즘 피곤한데 너 아침 먹여 보내려고 억지로 일어나 준비한 거 아니니?"

"엄마, 고마워요."

"엄마가 너한테 고맙다는 인사치레나 받자고 하는 말이 아니구."

"……."

"엄마도 밥하기 싫으면 안 해 버리고 빨래도 하고 싶은 날만 해야겠다. 그러면 너처럼 뱃속 편하게 살 수 있으려나? 살다 보면 하고 싶은 일보다 하기 싫은 일이 더 많은 거야. 싫은 일 중엔 중요한 일도 정말 많거든. 하고 싶은 일이라도 시간이 지나면 곧 싫증이 나게 마련이고. 하지만 누구든지 매일 사소해 보이는 일을 꾸준히 해야 좋은 결과를 얻을 수 있어."

아들은 이미 엄마의 딴지에 잠이 깬 얼굴이다. 하지만 여전히 게으름을 피우고 싶은 유혹을 떨치진 못한 눈치다.

"오늘 하루만 쉬면 안 돼요? 머리가 멍해서 공부도 안 될 텐데요…."

마음 같아선 하루 수업 빼먹는 게 뭐 그리 대순가 싶어 허락하고 싶다. 하지만 나는 아들의 엄마다. 마음 내키는 대로 할 수 없는 것이다.

"일탈 좋아하는 사람치고 믿을 만한 사람 못 봤다. 자유롭고 멋져 보이겠지만 결과는 별로 좋지 못하더구나. 그걸 선택하는 것도 네 마음이니 내가 간섭할 일은 아니다만, 선택하고 결정한 일에 대한 책임도 너한테 있다는 사실만 명심하렴."

이 정도로 설명했으면 이불을 박차고 일어나야 할 텐데 아들은 여전히 뭉그적거리고 있었다. 마침내 인내심의 한계를 느끼고 버럭 소리를 질렀다

"어서 일어나 학교 못 가! 좋은 말로 할 때 못 알아듣는 놈은 지 수준에 맞게 대우해 줘야 한다니까!"

아들은 하는 수 없이 주섬주섬 일어나 학교에 갔다. 물론 지각도 했다. 그래도 그날 저녁 나와 남편은 집에 돌아온 아들에게 힘찬 격려의 박수를 보냈다. 아침에 엄마의 말에 순종해서 학교 간 것과 하루 종일 힘든 공부를 견뎌 낸 것에 대해 마음껏 칭찬했다.

"오늘 정말 잘했다. 아침엔 엄마가 야속했겠지만 오늘 큰 교훈을 얻은 거야. 머리 좋고 재능 있는 사람들이 세상을 이끌 것 같지만 절대 그렇지 않아. 성실하고 책임감 있게 자기 자리를 지키는 수많은 사람들이 세상을 움직이지. 제멋대로 살기 시작하면 습관이 되기 쉽고, 그러면 가족한테 엄청난 민폐를 끼치게 돼. 매일 똑같은 시간에 밥을 하고 청소를 하는 것이 의미 없어 보이겠지만 그런 사소한 일에서 성실해야 의미 있는 일을 할 수 있단다."

"엄마, 근데 나 오늘은 거의 버티기 수준이었구 공부는 별루 안했는데요. 히히히… 중간에 겜방두 갔어요."

"그래두 잘한 거야. 약간 쉬고 일탈해 보는 것도 때론 필요한 일이거든. 어떻게 사람이 매일 공부가 잘되고 매일 같은 일이 재밌기만 하겠니. 나중에 아빠가 되고 남편이 되면 엄마가 지금 무슨 말을 한 건지 더

잘 알게 될 거다. 암튼 오늘 잘했어. 세상에 귀한 일들은 때로 지독하게 지루하고 너무 단조로워. 사람들은 그게 행복이었던 걸 다 잃은 후에야 알게 되는 것 같아."

나는 안다. 인생살이가 얼마나 단조로움의 연속인지. 그래도 그것을 버틸 때 진정한 기쁨을 얻게 된다. 그리고 아들도 이 사실을 깨닫고 인정하게 될 것이다. 무엇보다 수업을 빼먹는 일까지 엄마인 나와 의논해 주는 아들이 너무 고맙다. 아들은 물론 그날 컨디션이 좋지 않은 탓에 하루 종일 버티기 수준으로 자리를 지켰다고 했다. 그래도 자리를 지킬 수 있어야, 인내할 수 있어야 의미 있는 사람으로 살게 된다.

성장기 자녀가 실수하고 실패하는 건 당연하다. 부모는 그것을 너그럽게 봐주고 기다려 줘야 한다. 그래야 자녀가 사소한 실수까지 부모와 의논할 수 있고 거기서 삶의 지혜를 배울 수 있다. 하지만 많은 부모들이 자녀의 실수와 실패에 너그럽지 못하다. 그런 탓에 아이들이 실수와 실패를 감추려고만 하고, 그렇게 은폐된 실패와 낙심이 쌓이고 쌓여서 위험한 지경에 이르게 된다. 안타까운 일들이 얼마나 많이 일어나고 있는가? 나 역시 아들의 실수를 용납하고 아들을 있는 그대로 받아들이는 게 가장 힘들었다. 다만 하나님의 은혜와 지혜로 지금도 그 훈련을 하고 있고 점차 나아지고 있다.

힘들어도 밥해 주기

요즘 TV를 틀면 여기저기서 먹방(음식을 먹는 방송) 프로그램이 판을 친다. 셰프들이 현란한 요리를 선보이는가 하면 이웃집 아저씨 같은 요리 전문가가 푸근한 정이 느껴지는 요리를 소개한다. 삼시세끼 해 먹느라 하루를 바치는 프로그램도 있다.

이 같은 현상은 가까운 일본에서 먼저 시작되었다. 요즘은 일정 시간에 수신료를 내면 TV 속 연예인을 앞에 두고 밥을 먹는 프로그램도 있다고 한다. 1인 가족이 늘어나는 추세를 반영하는 프로그램이라 할 수 있다. 한편으로 영적·정신적으로 허기진 것도 모자라 이제는 엄마가 따뜻하게 지어 준 집밥까지 사라지는 현대인의 슬픈 자화상을 반영하고 있지 않나 싶기도 하다.

나는 순교를 각오하고 밥을 지었다. 집에서도 열심히 밥을 지었고 교회 주방에서도 열심히 밥을 지었다. 그렇게 죽을 각오로 밥을 지으니 주님은 내게 밥을 짓는 수고보다 더 달콤한 은혜를 주셨다.

엄마들이 주방을 떠나면서 한 상에서 밥 먹을 일이 없으니 가족이 뿔뿔이 흩어지고 있다. 고독하고 외롭고 우울한 현대인을 구할 이는 성경적 자존감을 회복한 그리스도인 부모들이다. 우리가 순교를 각오하고 열심히 밥을 해 먹일 때 이 세상 문화가 감동을 받고 변화될 것이다.

최근의 일이다. 고등학교를 졸업한 뒤 2년 반 동안 자기 방에서 나오지 않고 게임만 한 아들을 둔 집사님이 있다. 새벽기도와 교회 봉사에 힘쓰던 집사님이었다. 그 긴 세월 동안 누구도 감히 집사님을 위로할 수 없었다. 전적으로 하나님의 도우심과 인내가 필요한 사망의 음침한 골짜기였다.

"사모님, 따뜻한 밥만 해줘도 곁길로 갔던 자녀가 돌아온다고 하셨지요. 사모님도 승호가 중학교 자퇴했을 때 부엌에서 밥해 주다 순교하기로 작정하셨다고 했잖아요. 저도 그렇게 했어요. 저도 직장에서 돌아와 아무리 피곤해도 늘 새 밥을 해줬어요. 아침에도 새 밥을 해서 차려 놓고 직장에 나갔어요. 그래도 돌아와 보면 아이가 낮에 혼자 있을 때 방에서 나와 내가 준비해 놓은 밥을 먹었더라고요. 그렇게 매일 밥해 주고 기도하면서 지냈어요. 그랬더니 드디어 기적이 일어났어요. 사모님 말씀대로 엄마의 자리, 예배자의 자리를 지켰더니 아이가 방을 박차고 나왔고 외출도 했어요."

집사님은 내가 쓴 책을 보고 용기를 얻어 그렇게 3년 가까운 시간을 이겨냈다고 했다. 이것이야말로 성경적 자존감이 회복된 증거다. 진정한 성경적 성공이다.

그 아들은 지금 군복무 중이다. 놀라운 것은 훈련 중에 엄마 생각이 나서 가까운 교회에 가서 예배를 드리고 세례까지 받았다고 한다.

남자아이들은 생각보다 일찍 부모 곁을 떠난다. 그 시기가 오기 전에 따뜻한 밥을 해 주고, 기도하고 기다려 주자. 그 인내의 시간 동안 하나님은 우리 자녀의 성경적 자존감을 회복시키시고 성경적 성공의 축복을 누리게 하신다.

만남 6

사춘기 자녀를 둔 중년 부모를 위한 지혜 갖기

부모가 다음 세대인 자녀들에게 미치는 영향은 절대적이다. 성경을 보면, 아브라함의 정체성이 이삭의 정체성을 결정했고, 이삭의 정체성이 야곱의 정체성을 결정했다. 그러므로 하나님의 자녀라는 정체성은 믿음의 부모로부터 전수받는다.

"또 아비들아 너희 자녀를 노엽게 하지 말고 오직 주의 교훈과 훈계로 양육하라"(엡 6:4)는 내가 아들을 양육하는 동안 기준으로 삼은 말씀이었다.

아이들은 나이마다 노여운 게 다르다. 예를 들면, 영유아(1~3세) 때는 엄마가 눈에 안 보이면 노여워한다. 그래서 어떤 아이는 엄마랑 떨어진 게 억울하고 분해서 아무리 달래도 울음을 그치지 않는다. 이와 달리 사춘기 자녀는 엄마가 너무 자주 보이면 노엽다. 자립심과 독립심이 커지는 이때에 엄마가 끊임없이 잔소리하며 간섭하고 가르치려 들면 화가 나는 것이다.

사춘기 자녀를 다룰 때는 어린 자녀를 대할 때와는 다른 각별한 지혜가 필요하다. 성령의 조명하심에 따른 기도와 기다림이 필요하다. 나는 사춘기 아들을 키우면서 크게 세 가지 부분에서 훈련을 받았다. 근심 걱정 버리기 훈련, 있는 그대로 받아들이기 훈련, 중년기 부부의 불안정한 정서 돌보기 훈련이 그것이다.

반복되는 근심 걱정 버리기

> 너희는 마음에 근심하지 말라 하나님을 믿으니 또 나를 믿으라 (요 14:1)

앞에서 나는 아들의 유치원 시절에 두려움과 근심 걱정 버리기 훈련을 혹독하게 받았다고 기술했다. 그러면 아들이 초등학교에 입학하면서 그 훈련을 마쳤을까? 아니다. 겉으로 드러나지는 않았지만 여전히 근심 걱정에 휩싸여 살았다. 근심 걱정의 99퍼센트가 결코 일어나지 않을 일이라는 걸 배웠고 실제로 겉으로 드러난 행동은 어느 정도 수정했지만, 마음과 생각의 습관은 쉽게 고쳐지지 않았다. 조금만 걱정스런 상황이 되어도 자동으로 걱정을 한 짐 이고 지었다. 주님은 아들의 자퇴 사건을 통해 나를 치료하셨다.

중학교를 자퇴한 뒤 집에만 있던 아들은 일본어 학원에 등록한 것을 시작으로 집을 나섰다. 나는 한시름 마음을 놓았지만 왜 하필 일본어 학원인지 불만이었다. 아들은 일본 만화와 게임팩을 일본어로 직접 보고 싶다고 대답했다. 당장 필요하지도 중요하지도 않은 일본어를 공부하겠다니 속으론 혀를 찼지만, "네 자녀를 노엽게 하지 말라"는 말씀이 떠올라 그렇게 하라고 했다.

일본어 학원에 등록한 지 석 달이 지났다. 학교도 안 다니고 오로지 일본어 학원만 다니더니 초급, 중급, 고급 과정을 불과 몇 달 만에 마스터했다. 아들은 일본어를 배운 즉시 진짜로 일본 만화를 원어로 보고 게임팩의 일본어도 열심히 읽었다. 즐겁게 놀기 위해 학원까지 다니면서 공부하는가 싶기도 하고, 천하태평인 아들이 괜히 못마땅해서 말도 안 되는 논리로 아들의 기를 눌러 보기도 했다. 하지만 불과 몇 달 후 아무 쓸데없어 보이던 이 일본어가 아들이 최연소로 대학에 입학하도록 도운 일등공신이 되었다. 수능에서 제2외국어 과목이 부활한 덕분이었다. 이렇듯 부모는 앞일을 몰라도 하나님은 자녀의 재능과 성격에 따라 앞길을 인도해 주시는 전지전능하신 분이다. 이후에도 앞길을 결정할 때마다 이 일이 잊히지 않는 소중한 자산이 되었다. 지금은 당장 그 의미를 알 수 없지만, 하나님께서 인도해 주시는 일을 분별할 수 있는 믿음의 훈련이 된 셈이다.

일본어 학원을 열심히 다니더니 어느 날 아들이 말했다. 아무래도 대학 입시 단과학원에 다녀 보는 게 좋겠다는 것이었다. 그래서 집 근처 단과학원에 등록해서 수학을 배웠다.

"엄마, 선생님이 드디어 내 정체를 알았어요."

"네 정체가 뭔데?"

"중학교 자퇴생이요."

"그동안은 너를 어떻게 아셨는데?"

"제가 키도 크고 말도 없이 혼자 대낮에 학원에 오니까, 선생님은 당연히 대입 재수생인 줄 아셨대요. 우리 반에 학생이 4명밖에 없는데 다 재수하는 형, 누나들이거든요. 근데 선생님이 그러는데 나 같은 애들은 결국 자살한대요. 너무 일찍 공부의 중압감에 시달리다가 자살한 애들을 이미 여럿 보았다면서요."

중학교 자퇴생 아들을 둔 탓에 마음이 잔뜩 쪼그라든 나와 달리 아들은 또래가 아닌 한참 선배들과 공부를 하고 그렇게 엄청난 얘기를 아무렇지도 않게 말했다. 그 순간 선생님이 그런 끔찍한 얘기를 하다니 싶어 머릿속에서 부정적인 화학반응이 일어나며 험한 말을 할 뻔했다. 하지만 마음속으로 기도하며 마음을 진정시키고 아들에게 물었다.

"너는 어떻게 생각하는데?"

이 질문은 아이가 자라면서 감당이 안 될 때마다 지혜를 구할 수 있는 좋은 질문이었다.

"저요? 저는 중학교 자퇴생 맞구요. 나는 예수님 믿는데 자살 같은 건 안 할 거예요. 저는 그냥 그 학원 다니려구요. 선생님이 수학을 참 잘 가르쳐요."

그 순간 아들은 나의 스승이었다. 주님은 사춘기 아들을 통해 여전히 미성숙하고 불안정한 나를 가르치셨다. 나라면 그런 말을 듣고 '선생님이 수학을 잘 가르친다'는 긍정적인 얘기를 못할 것 같았다. 너무 화가 나서 당장에 학원을 그만두었을 것이다. 주님은 내가 모르는 사이 아들의 마음을 넓고 크게 기경하고 계셨다.

아무리 걱정돼도 나보다 자녀를 더 사랑하시는 하나님만 의지하자. 기도하고 기다리면 아이는 하나님이 키워 주신다. 아이의 인생 전체를 섭리하시는 분은 하나님이지 부모가 아니다.

하나님은 우리가 하나님의 말씀을 자녀양육의 최고의 기준으로 삼을 때, 인생 곳곳에서 돕는 손길을 주신다. 그리스도인 부모와 교사는 말씀을 먼저 공부하고 연구하고 기도하여 믿음의 자녀들에게 공급해야 할 사명자들이다.

있는 그대로 받아들이기

근심 걱정 버리고 기도하기가 첫 번째 훈련이었다면, 두 번째 훈련은 나와 기질과 생각이 다른 사춘기 아들을 있는 모습 그대로 받아들이고 인정하는 훈련이었다.

어릴 때는 온갖 병치레로 나를 기도의 자리로 몰아넣더니, 중학생이 되자 컴퓨터 때문에 속앓이를 하게 했다. 여러 날 실랑이하다 어느 날 문득 잔소리를 뚝 그쳐 보았다. 옆집 아이라고 생각하고 화도 멈췄다. 그리고 하나님께 아들의 나쁜 습관을 고쳐 달라고 특별기도를 시작했다.

역지사지로 아들의 입장이 되어 생각해 보니, 게임을 해야 친구들과 대화가 된다는 아들의 말이 어느 정도 이해되었다. 컴퓨터와 아들을 미워하는 마음이 조금씩 줄어들자, 밤새워 소설책을 읽던 나의 철없던 시절도 생각났다. 그때 나도 자는 척하다가 엄마가 시야에서 완전히 사라진 뒤에 다시 일어나 밤을 새워 소설책을 읽지 않았던가.

중학교 1학년 여름 방학이 시작됐다. 방학 동안에는 밥 먹을 때만 아이를 불러 보기로 했다. 고객 감동을 부르짖는 서비스직처럼 아들에게 최대한 친절하기로 마음먹었다.

“승호야, 여름 방학이니까 너 하고 싶은 만큼 컴퓨터 해. 엄마가 방해 안 할게.”

아들에게는 천사의 음성으로 들렸을 말을, 나는 위에서 쓴물이 나는 걸 참으며 말했다. 점심과 저녁도 컴퓨터 앞에까지 서비스해 주었다. 한 며칠 실컷 하면 그만둘 줄 알았는데 그건 나의 오산이었다. 하루는 거의 17시간째 화장실에 잠깐 다녀오는 것 말고는 한 자리에 앉아 스타크래프트 게임을 했다고 자랑스레 말했다. 아들은 눈이 붉게 충혈되어서 거의 제정신이 아닌 것 같았다.

아들 가진 다른 집도 사정은 크게 다르지 않은 듯했다. PC방에 안 가는 것만도 고마운 일이라고 말하는 엄마도 있었다. 하루 종일 컴퓨터만 들여다보는 건 위험하다는 지적도 있었다. 그래서 컴퓨터 사용 시간 제한도 적용해 봤지만 소용이 없었다. 어느 날은 참다 못해 키보드를 빼서 핸드백과 함께 들고 나오기도 했다. 기도 외엔 이런 류가 나가지 않는 일이 눈앞에서 벌어지고 있었다.

기도하면서도 하나님의 은혜를 기대하지 않았기에 나는 호시탐탐 아들을 핸들링하며 의심의 눈초리로 바라보았다. 어느 날은 당시에 출간된《성공하는 10대들의 7가지 습관》이란 책을 사서 선물해 보았지만 아들은 쳐다보지도 않았다. 내가 하고 싶은 말이 그 책에 다 있는 것 같아 한 번만 읽어 보았으면 좋겠는데 아들은 내 마음처럼 움직여 주지 않았다.

"이 책 좀 읽고 반성 좀 해봐. 너처럼 그렇게 컴퓨터 게임만 해도 되는 건지 생각해 보라구!"

조급한 마음에 윽박질렀지만 소용없었다. 이후로 나는 아들에게 책 선물은 하지 않는다. 선물이 아이를 키우는 게 아니라 기도가 아이를 키우는 것임을 절실히 깨달았기 때문이다.

사춘기 이전의 자녀에게는 부모로서 권위를 가지고 주의 교훈과 훈계로 양육해야 한다. 되는 건 되고, 안 되는 건 절대 안 되는 걸 목숨 걸고 가르쳐야 한다. 하지만 사춘기 이후 청년이 된 자녀에게는 권위보다 동지가 되어야 한다. 사춘기 이후로는 그저 기도하며 기다려야 한다. 부모의 잘못을 솔직하게 인정하고 고쳐 나가는 모습을 보여서 자녀도 똑같이 그렇게 훈련하도록 해야 한다. 계절로 치면 여름과 겨울처럼 전혀 다른 상황인 것이다. 나의 방법을 버리고 하나님께 맡겨 드려야 한다. 포기해야 해결의 실마리가 보인다. 아무리 생각해도 그때 여름 방학을 맞아 잔소리든 간섭이든 그만두기로 결심한 것은 잘한 일이었다.

가르치려는 의도를 버리니 변화가 나타나기 시작했다. 내가 조금 편안해진 걸 알아차린 쪽은 내가 아니라 남편이었다.

"당신 요즘 좋은 일 있어?"

"글쎄요, 특별한 일은 없는데요."

"요즘 당신이 승호한테 잔소리하는 걸 별로 못 본 것 같아서…."

사실 남편은 워낙 온유해서 지금까지 아들과 갈등하는 일이 거의 없다. 나와 아들의 사이가 멀어질수록 남편과는 더 친밀해졌다. 아들이 청년이 된 지금도 남편과 아들은 둘만 통하는 정서를 나누며 즐겁게 시간을 보낸다.

중학교 자퇴 시절에는 그런 것이 내 속을 더 뒤집어 놓았지만, 생각해 보면 이보다 더 큰 축복이 어디 있을까 싶다. 아마 우리 집은 아들이 결혼하면 3대가 배 깔고 엎드려서 만화책을 보는 진풍경이 펼쳐질지도 모른다.

그럼에도 있는 그대로 인정하는 일은 지금까지도 훈련 중에 있다. 말이 쉽지 제대로 실천하려면 정말 고통스럽다. 다만 내 입에 파수꾼을 세워 주시는 성령님 덕분에 말도 아끼고 점점 과잉보호도 하지 않고, 그러면서 아이와 함께 나도 성장하게 되었다.

나는 내 아들이 사춘기를 만나기 이전에는 잔소리 대마왕 엄마였고, 근심 걱정이 100단이었다. 기도는 위급할 때만 겨우 하는 수준이었고, 나와 다른 아들을 있는 모습 그대로 인정하려다 위 무력증을 1년이나 앓은 모자란 사람이었다. 그런 내가 이제 남편이든, 아들이든, 교인이든, 그 누구든 있는 그대로 인정할 수 있는 사람이 되었다. 물론 가끔 실패도 하고 실수도 하지만, 주님의 은혜로 평안하고 자유로운 엄마가 되었다. 기도하면서 연습하면 나머지는 주님께서 책임지신다.

아무리 뒷걸음질 치는 것 같고 요지부동으로 멈춘 것처럼 보여도 하나님의 기준을 손목에 매어 기호로 삼고, 미간에 붙여서 표로 삼으면 하나님께서 우리 인생을 인도해 주신다. 손으로 행하는 모든 일의 기준이 성경 말씀이 되고, 마음으로 생각하는 모든 기준이 성경 말씀이 되면, 하나님께서 성경적 자존감이 건강하게 자라도록 날마다 도우신다.

나는 아이가 태어나면서부터 지금까지 내 자녀와 모든 그리스도인 자녀들이 "예수는 지혜와 키가 자라 가며 하나님과 사람에게 더욱 사랑스러워 가시더라"(눅 2:52)는 말씀을 따라 자랄 것을 믿고 기도한다. 내 아들이 인큐베이터에서 생명을 놓고 사투를 벌이던 순간에도, 중학교 자퇴생이 되어 학교 밖의 아이가 되었을 때도, 사법시험에 실패하고 사망의 음침한 골짜기를 걸어갔던 그 순간에도, 주님은 늘 나와 내 자녀와 우리 가정을 주의 품안에 안고 계셨다는 사실을 잘 안다. 뿐만 아니라 늘 말씀에 의지해서 드린 기도를 잊지 않고 응답하심을 믿는다. 예수님처럼 키도 자라고 지혜도 자라고 하나님과 사람에게 사랑스러운 아이로 자라게 해 달라는 나의 기도가 아들의 인생을 키워 가며 상상을 초월한 모습으로 계속 응답 중인 것을 믿는다.

다음은 우리 가족이 일상생활에서 마음의 생각과 행동을 바꾸기 위해 실천했던 여러 가지 방법들이다. 한 가지라도 마음을 두드리는 방법이 눈에 띈다면 실천해 보기 바란다. 한 가지를 실천하면, 그다음에 또 다른 것을 실천할 능력이 생길 것이다. 성경적 마음이 회복되려면 일상생활의 사소한 일들부터 점검해야 한다.

일상에서 하는
마음의 생각과 행동 바꾸기 훈련

1. 먼저 부모가 걱정, 근심, 염려, 불안을 버리고 기도하며 자녀를 바라보기

2. 부모와 기질, 생각이 다른 자녀를 있는 모습 그대로 인정하기

3. 퇴근 후 TV나 인터넷 끄기. 스마트폰을 치우고 가정예배 드리기

4. 부모와 자녀가 눈과 눈, 얼굴과 얼굴을 마주보고 대화하며 함께 밥 먹기

5. 집 안의 잡동사니 물건들과 불필요한 물건들을 정기적으로 정리하고 버리기

6. 가정의 경제 규모나 자녀의 용돈 사용에 대해 자녀와 대화하며 계획 세우기

7. 가족이 필요한 물건 구입이나 가족행사에 대해서도 가족회의 하기

디지털 시대에 크리스천 부모가 실천할 수 있는
온 가족 마음 회복 프로젝트

1. 부모가 먼저 컴퓨터, 스마트폰, SNS 사용을 절제하자.
아이들이 집에 돌아온 후 가족이 한 자리에 모였을 때는 부모가 먼저 스마트폰 사용을 중지하자. 스마트폰은 인터넷보다 중독성이 더 강하다. SNS(사회적 관계망) 사용도 절제하자. 부모가 먼저 SNS 속의 대화 상대에 몰두하지 말고 눈앞에 있는 가족과 대화하자. 자녀와 함께 인터넷, 스마트폰 중독 예방을 위한 규칙을 세우고 그것을 지키는 습관을 들이자. 카카오톡이나 밴드나 페이스북에 몰두하면 가족 간의 대화가 단절된다. 부모와 대화하는 시간을 잃어버린 자녀는 인격적인 성장을 하기 어렵다.

2. 서로 얼굴 보고 대화하면서 식사하자.
집에서 밥을 먹을 때는 다 같이 식사를 준비하고 설거지도 함께하고 시시콜콜한 대화도 나누자. 부모의 일방적 지시는 대화가 아니다. 외식할 때는 음식 나올 때까지 스마트폰을 보지 말고 재미있는 대화를 나누자. 이때 부모의 일방적인 잔소리는 금물이다. 아이들의 이야기에 귀 기울여 듣고 응대해야 한다. 식사 중에도 스마트폰은 가족 모두가 절대 금지하는 습관을 들이자. 부모와 같이 식사하는 자리에서조차 각자 스마트폰에 빠져 있다면 자녀는 인간적인 교류를 배울 기회를 잃게 된다.

3. 어릴 때부터 여러 가지 집안일을 부부와 자녀가 함께하자.
공부만 하라고 몰아세우면 자녀는 그 시간에 공부하는 게 아니라 자꾸만 사이버 세계로 빠져든다. 저녁 시간만이라도 함께 음식을 만들어 먹고 치우고 대화하고 정리하면서 함께하는 즐거움을 갖도록 하자. 가족이 분담하여 청소, 심부름, 빨래, 식사 준비, 음식 재료 다듬기, 설거지 등을 하자.

4. 인터넷 뉴스 대신 종이신문을 보자.

자극적, 선정적, 부정적인 관점을 부각시키는 인터넷 뉴스에 실시간으로 접속하다 보면 부정적이고 우울한 시각으로 세상을 보게 된다. 실명의 신문기사는 기본적인 저널리즘 에티켓이 있다. 검증된 신문기사 보기를 힘쓰며 클릭 수, 댓글 수에 연연하는 각종 베껴 쓰기 기사에 시간 낭비하지 말자.

5. 컴퓨터는 거실에 놓고 가족이 공동으로 정해진 시간에만 사용하자.

식구들의 생활 패턴을 고려한 컴퓨터 사용 시간표를 만들고 최선을 다해서 지키자. 아이들은 합리적으로 설득하고 부모가 솔선수범하면 잘 따라온다. 학교 숙제도 정해진 시간에만 하자.

6. 가정예배를 드리자.

가정예배는 최고의 축복의 통로다. 가족 찬양 시간, 기도 시간, 성경 읽기 시간을 공유하며 하나님과 친밀하게 지내는 훈련을 하자. 사춘기는 부모가 자녀에게 신앙훈련을 할 수 있는 마지막 시기다.

7. 부모와 자녀가 정기적으로 미디어 금식을 실천하자.

TV, 인터넷, 스마트폰, SNS 대신 종이책을 읽자. 절제와 인내를 훈련할 수 있고, 부부간에 부모 자녀 간에 대화가 회복된다. 주 1일, 퇴근 후, 방과후 등 할 수 있는 시간을 정해서 시작하자. 대화는 화를 내거나 잔소리하는 시간이 아니다. 그러므로 야구나 축구, 연예인 이야기도 좋다. 무엇이든 즐겁게 수다를 떨 수 있으면 된다. 사소한 수다를 떨다 보면 중요한 대화도 자연스럽게 하는 축복을 받는다.

8. 부담 없이 친밀해질 수 있는 가족놀이를 하자.

동네 산책하기, 장보기, 음식 만들기, 바둑, 장기, 공기놀이, 공놀이, 훌라후프, 배드민턴 등을 함께하며 몸으로 부대끼는 시간을 가져 보자. 나이가 어린 자녀들은 부모와 함께 끝말 이어 가기, 수수께끼 맞추기, 스무고개 놀이, 숨바꼭질 놀이를 하는 것만으로도 너무 행복하고 즐겁다. 어려서 사소한 놀이를 많이 하면 즐거운 추억도 쌓이고, 몸과 마음이 밝아진다. 조금 더 성장한 아이들과는 바둑이나 장기 두기, 블루마블 게임하기, 윷놀이 등 아날로그 놀이들을 각자의 취향에 맞게 찾아서 해보자.

9. 온 가족이 정기적으로 대청소와 물건 정리하는 습관을 들이자.

가족의 마음이 정돈되려면 집 안 정리가 필수다. 엄마 혼자 집안일 하느라 고생하지 말고, 부부가 함께 수시로 집 안의 물건을 정리 정돈하고, 자녀들도 스스로 자기 물건을 정리하고 불필요한 것은 스스로 버리는 훈련을 어려서부터 가르치는 게 일평생 큰 도움이 된다. 필요없는 잡동사니로 어지러진 공간은 집 장만하느라 고생하고 몇 천 만 원씩 투자한 값비싼 공간임을 기억하자.

10. 부모와 자녀의 금전관리 습관을 바로잡자.

어린 자녀의 용돈 교육은 필수다. 어린 시절부터 '돈 사용법'을 제대로 배우지 못하면 평생 적자인생을 면하지 못한다. 자신의 경제 능력에 맞게 지출하는 소비 습관부터 하나님이 주신 물질을 구별할 줄 아는 헌금생활에 이르기까지 자녀의 금전 관리 습관은 부모가 어린 시절부터 가르쳐야 할 아주 중요한 덕목이다. 특히 성경적 물질관은 어려서부터 몸에 배도록 가르치는 것이 부모가 잊지 말아야 할 사명 중에 하나다.

중년 부부의 불안정한 정서 돌보기

세 번째는 중년기에 사춘기 자녀와 함께 불안정해지는 부부의 정서 돌보기 훈련이었다. 중년이 되면 누구나 지나온 세월을 뒤돌아보는 시기가 온다. 발달심리학자 에릭슨은 '온전한 자아'를 이루어 가는 발달 과정에서 맞이하게 되는 중년기의 특징을 다음과 같이 정의했다.

에릭슨에 의하면, 대략 40세가량에 시작되는 중년기에 타인과 원만한 관계가 형성되어 있으면 자기보다는 일이나 자녀양육에 몰두하게 된다. 하지만 일이나 자녀양육에서 얼마간의 성취를 이루지 못하면 어린아이처럼 자기 자신에게만 몰두하는 퇴행 증세를 보이게 된다. 그리고 이때 부정적 자아를 형성하게 된다.

에릭슨은 중년기의 부정적 자아 현상으로 '자기 탐닉, 편리와 쾌락 추구'를 들었다. 그러면서 일에 대한 책임감을 상실하고 가족을 돌보지 않게 되며 오직 자기 자신의 즐거움만 찾다가 죄의 유혹에 빠지게 된다. 그래서 이때 가정이 파탄 나는 등 여러 가지 현상이 돌출된다. 미성숙한 중년이 가져오는 위험은 개인으로 끝나지 않는다는 데 심각성이 있다.

이 시기에 긍정적 자아가 형성되면 인격이 성숙해지고 타인을 배려하고 돌보며 다음 세대를 세워 가는 데 몰두하게 된다. 따라서 이 시기에 '온전한 자아'를 이뤄 가는 일이 개인으로나 가정으로나 사회로나 얼마나 중요한지 모른다. '온전한 자존감'은 '온전한 자아'에서 비롯되는 것이므로, '부모의 건강한 자존감'을 세워야 할 매우 중요한 시기다.

중1 아들의 여름 방학이 시작되는 날, 내 안에서는 그야말로 불순종의 영이 맹활약을 하기 시작했다. 계절이 바뀐다고 사람 마음까지 바뀌는 것은 아닐진대, 나는 당시 유난히 외롭고 서글펐다. 나의 이 불안한 정서를 남편은 마냥 지켜볼 뿐이었다. 나는 잠시 엄마로서도 '정체성'이 흔들렸고, 내 뜻대로 안 되는 남편과 아들로 인해 '자존감'도 병들어 갔다. '주께 하듯 남편에게 복종하는' 일도, '자녀를 노엽게 하지 않고 주의 교훈과 훈계로 가르치는' 일도 힘에 부쳤다. 당시 나는 에릭슨이 말한 중년기를 지나고 있었는데 그것을 알지 못했다. 갈수록 사소한 일에 마음이 상했고 우울했다. 안 쓰던 일기장을 뒤적거리게 되고 안 보던 시집을 끄집어낸 것도 그 무렵이다.

그날은 토요일 저녁으로 기억된다. 갑자기 밥도 하기 싫고 답답해서 집에 있는 것도 싫었다. 저녁식사 때가 되어도 내가 부엌에 코빼기도 비치지 않는다는 걸 뒤늦게 알아차린 남편이 그제야 나를 찾기 시작했다. 그때까지 남편과 아들은 만화책에 빠져서 시간 가는 줄 몰랐다.

"엄마 뭐 하시니?"

"모르겠는데요."

그날 나는 하루 종일 시를 썼다. 무려 50편이나 썼다. 사실 말이 시지, 그냥 속에서 터져 나오는 울분을 두서없이 적은 글에 불과했다. 그래도 짧든 길든 시마다 제목을 붙여 두었으니 시인 코스프레한 것치고는 하루 종일 참 많이도 썼다. 그 많은 글을 쓰면서 또 얼마나 많은 눈물을 삼켰는지 모른다.

밖에서 들리는 부자의 소리에 대꾸도 하기 싫어서 종이에 "나는 밥만 먹고 못 살아요"라고 써서 그들에게 내밀었다. 갑자기 돌변한 엄마가 무슨 전사처럼 시를 쓴 종이를 들고 비장하게 서 있는 걸 보더니 아들이 말했다.

"근데 엄마가 시도 써요?"

나는 그 말에 발끈해서 아들에게 소리를 질렀다.

"시도 쓰다니! 그럼 엄마가 빨래랑 밥만 하는 줄 알았니?"

결국 그날 두 남자는 밖에 나가 저녁을 먹고 들어왔다. 물론 나는 저녁까지 굶고 두 눈이 벌게지도록 엉엉 울었다. 그날 이후 우리 집엔 새로운 유행어가 생겼다. 내가 잠시만 가만히 있어도 남편과 아들이 놀리듯이 이렇게 말하는 것이었다.

"엄마 시 쓰신다. 조용히 해라."

아무리 그래 봐야 나는 집에서 한 발자국도 나가지 못했다. 나는 한동안 그 사실을 아는 두 남자도, 그렇게 미련하게 성실한 나 자신도 너무나 미웠다. 이제 나는 시를 쓰지 않는다. 시만 쓰려면 지나치게 감상적이 되고, 자기연민으로 슬퍼져서 시를 접었다. 더구나 담금질과 맑은 영성으로 길어 올린 시를 쓰기에는 내 안에 걷어 내야 할 자갈과 가시덤불이 너무 많았다. 시를 쓰기보다는 내 마음밭의 자갈과 가시덤불을 걸러 내고 바위를 깨뜨리는 수고가 먼저 필요해 보였다.

되돌아보면, 나의 가시떨기 같은 마음밭을 착하고 부드러운 옥토로 갈아엎는 데만 족히 30년이 걸린 것 같다. 이런저런 일들을 수없이 겪으며 걸러 내도 자고 나면 밤사이에 원수가 와서 가라지를 뿌리고 가는 탓이었다. 기도를 쉬는 사이, 영적인 잠에 빠진 사이, 세상일에 분주해서 마음밭을 돌보지 못하는 사이에, 원수는 가라지를 뿌려서 옥토가 되는 걸 훼방 놓았다. 연약한 우리는 그러므로 깨어 기도하는 수밖에 없다.

오늘도 아들은 나의 얼굴을 살피며 이렇게 묻는다.

"엄마! 평안이뇨?"

엄마가 평안하면 자녀도 평안하다. 아내가 평안하면, 남편도 평안하다. 아빠가 평안하면 가족 모두가 평안하다. 중년기의 부모는 각별히 마음의 평안을 세상에서 찾을 수 없음을 새롭게 배워야 한다. 그렇지 않으면 그 유혹의 나이를 건강하고 건전하게 통과하지 못한다. 주님은 세상이 주는 평안과 다른 평안을 오늘도 우리 모두에게 주기를 원하신다.

만남 7

늦었다고
생각할 때가
가장 빠른 때다

예수님의 제자들은 나처럼 문제가 많았던 보통 사람들이다

이미 성인이 된 부모의 자존감은 개선의 여지가 없는 것일까? 성경을 다시 읽으면서, 내가 그동안 놓친 부분이 많다는 걸 알았다. 예수님의 택함을 받은 열두 제자는 오순절 성령 사건 이전까지는 우리와 같이 무능하고 형편없는 사람이었다는 사실이다. 그렇다면 이미 중년이 된 부모라도 희망이 있다. 열두 제자처럼 하나님의 사람으로 개선될 여지가 충분히 있는 것이다.

제자들은 부름 받았을 당시 몇 살이었을까? 일단 예수님이 공생애를 시작하고 제자들을 택해서 부르시기 시작한 나이가 30세다. 추측컨대 제자들이 예수님보다 나이가 많지는 않았을 것이다. 기록에 의하면, 요한은 십대 후반, 베드로는 약 30세, 나머지 제자들은 모두 20대로 추정된다. 요한이 가장 어렸고, 결혼한 상태에서 부름 받은 베드로(마 8:14)가 가장 연장자였으며, 다른 열 명의 제자들은 이미 결혼을 했다 해도 20대인 것이다.

내가 가장 위로가 되고 용기가 나는 대목은 그들을 택하고 부르시는 과정이다. 그들은 전적으로 예수님의 택함을 받고 제자가 되었다. 예수님은 여러 달 동안 관찰하고 기도하고 나서 열두 명을 택하셨고, 그들은 예수님의 십자가 죽음과 부활의 증인으로서 끝까지 사명을 감당했다. 그러나 그들 역시 우리처럼 허물 많고 실수가 많은 연약한 사람일 뿐이다.

많은 학자들은 '인간이 20대가 된 이후에도 인격이 변할 수 있는가?'에 대해 '인간은 변하지 않거나 좀처럼 변하기 어렵다'라고 대답한다. 하지만 예수님이 친히 선택하셔서 가르치고 고치고 함께함으로 열두 제자는 변화되었다. 예수님은 세상 교육이 해낼 수 없는 기가 막힌 성과를 이룬 셈이다.

그런 점에서 열두 제자의 변화는 이미 성인이 된 모든 그리스도인의 소망이다. 물론 여기에는 당연히 '예수 그리스도 안에서'라는 대전제가 놓인다. 누구든지 예수 그리스도를 만나서 구원의 생명(영생)을 얻고 나면 반드시 새로운 피조물이 되는 은혜를 입게 된다.

모태신앙이 아니어서, 어린 시절 교회학교를 다닌 적이 없어서, 너무 나이 들어 믿음의 자녀가 되어서 열등감을 갖고 있던 내게, 그들도 20

대 이상의 나이에 부름을 받았고 우둔한 자였다는 사실이 크게 위로가 되었다. 3년 동안이나 예수님과 함께 먹고 자고 생활했어도 말씀을 깨닫지 못하는 대목에 이르러선 그야말로 초절정 위로가 되었다. '우뢰의 아들'이라 불릴 만큼 급하고 좁은 마음의 요한과 야고보, 충동적이고 불안정한 성격의 베드로가 얼마나 위로가 되는지 몰랐다. 심지어 가룟 유다의 실패까지도 큰 위로가 되었다. 좁은 마음도 예수님을 만나면 넓은 마음의 크기 변화가 일어나는 일이 너무 기뻤다. 불안정한 마음도 반석과 같은 마음이 되는 것이 기뻤다.

부모도 한때는 혹독한 사춘기가 있었다

우리 집에는 친정아버지가 열네 살이던 중학교 1학년 때와, 내가 고등학교 1학년 때인 열여섯 살에 읽었던 같은 제목의 시집이 두 권 있다. 윤동주 시인의《하늘과 바람과 별과 시》다. 나는 고등학교 시절 그 시집을 사서 줄을 치며 읽고, 외우다시피 읽고 또 읽던 문학소녀였는데, 어느 날 우연히 집에서 아버지가 개성에서 중학교를 다니던 시절에 읽던 시집을 발견하고 지금까지 소중히 간직하고 있다. 아버지가 읽던 시집은 우리나라에서 6·25 전쟁이 나기 2년 전에 출판된 것이었다. 1948년에 발간된 시집과 1976년에 발간된 같은 시인의 시집을 보면, 아버지와 딸이 각자의 사춘기에 사랑했던 윤동주 시인에 대한 사랑이 느껴진다. 아버지나 나나 어린 시절 하나님을 배우는 가정에서 자라지 못했으니, 그 시절 우리 부녀의 정신적 지주는 윤동주 시인이었던 셈이다. 한 가지 감사한 일은 우리는 그 당시 하나님을 몰랐지만, 하나님을 사랑했던 윤동주 시인을 함께 사랑했다는 사실이다.

"마흔여섯 살에 세상을 떠난 영화 촬영기사 장석준[1]의 재킷에는 온갖 철제 부속품이 들어 있었다. 다른 사람은 입을 수가 없었다. 하지만 그는 그 무거운 옷에 든 고물들을 두드려 맞춰 우리나라에서 처음으로 70mm 영화 촬영 기재를 만들었다."(최인호의《문장》에서 발췌)

내 아버지의 마지막 유언은 "오우 케이, 레디 고우"였다. 마지막 천국으로 들어가는 순간이 아버지에게는 새로운 영화촬영의 시작인 것처

---

1 내 아버지 장석준 촬영기사는 1960년부터 1980년 5월까지 20여 년의 짧은 활동 기간 동안 무려 81편(KMDb 기준)의 작품을 촬영했으며, '은막의 이중섭'이라는 별명답게 유명 감독들과 함께 영화사(史)에 수많은 명작을 남겼다. 대종상, 백상예술대상, 청룡영화상 등에서 촬영상을 수상한 〈한〉(1967, 유현목), 〈봄봄〉(1969, 김수용), 〈집념〉(1977, 최인현) 등을 비롯해 한국 모더니즘 영화의 효시로 평가받는 〈안개〉(1967, 김수용), 〈장군의 수염〉(1968, 이성구) 등의 수려한 영상이 바로 아버지의 솜씨다. 아버지는 1970년대 한국 뉴시네마(New Cinema) 운동의 숨은 공로자이기도 했다. 한국 영화사상 유래 없는 흥행 돌풍을 일으키며 '청년영화(Young Cinema)'의 화려한 서막을 알린 이장호 감독의 〈별들의 고향〉(1974), 1975년 1월부터 국도극장에서 연이어 개봉되어 흥행 릴레이를 펼친 〈어제 내린 비〉(1974, 이장호), 〈영자의 전성시대〉(1975, 김호선), 그리고 한동안 한국영화 최고의 흥행작으로 군림했던 〈겨울여자〉(1977, 김호선)가 모두 아버지가 촬영한 작품들이다. 또한 이들 젊은 감독들이 주축이 되어 결성한 '영상시대'의 공식적인 첫 작품 〈숲과 늪〉(1975, 홍파)과 마지막 작품 〈불〉(1978, 홍파), 하길종 감독의 유작 〈병태와 영자〉(1979)도 아버지의 손을 거쳤다(한국영상자료원, 안재석 글 인용 http://www.kmdb.or.kr).

한국영화사에서 아버지를 통해 최초라는 수식어가 붙게 된 일도 여러 가지다. 모두가 흑백영화이던 시절에 최초로 한국 천연색 현상소를 세운 일, 최초로 3D 입체 영화를 만든 일이 대표적인 것이다. 1960년대에 아버지가 개발한 한국 최초의 3D영화는 전 세계에서도 세 번째로 개발된 영화계의 혁신 기술이었다. 요즘은 아버지가 살아 계실 때 불리던 '촬영기사'가 '촬영감독'으로 불리고 있다. 가족도 돌보지 않고 영화계에 일생을 헌신했던 아버지의 딸로서, 이 땅의 모든 촬영감독의 자녀와 그 가족들이 바뀐 명칭만큼 소중한 존재가 됐으면 좋겠다는 바람을 가져 본다.

럼 보였다. 아버지의 유언을 들으면서 나는 천국에서 유능한 촬영기사 한 사람이 필요한가 보다 생각했다.

그러나 아버지는 아내와 자식에게는 무관심했던 무책임한 가장이었다. 오직 아버지는 한국영화를 위해 태어난 사람처럼 살았다. 내가 기억하는 아버지는 그랬다. 아버지에게는 낙후된 한국영화 기술의 발전만이 인생의 지상 목표였다. 내가 대학생이 되었을 때, 첫 등록금이 없어서 돈을 꾸러 다닐 때였다. 나는 정말 아버지가 원망스럽고 딱한 생각이 들었다. '자식을 낳았으면 책임을 져야지, 아니면 결혼을 영화랑 하고 엄마랑은 하지 말든가….' 이런 생각을 나는 결국 아버지 앞에서 입 밖에 내고 말았다.

"아빠, 아빠는 왜 결혼하셨어요? 그냥 영화랑 결혼하셨으면 온 가족이 이런 고생 안 해도 됐을 텐데요."

그날, 아버지는 내게 아무 말도 하지 않으셨다. 돌아가실 때까지도 가장 사랑하는 딸이 입에 올렸던 그 도발적인 질문에 대해 아무 말도 하지 않으셨다. 하지만 아버지는 마지막 순간에도 "오우 케이, 레디 고우!"를 외치며 돌아가셨다. 이 땅에 갚아야 할 빚도 남기고, 오갈 데 없는 3남매와 과부가 된 엄마도 남기고 그렇게 천국으로 가셨다. 병상에서 영접한 예수님 덕분에 지금 아버지는 예수님과 천국에 함께 계신다. 비록 영화 때문에 육신의 생명은 다 소진했지만, 아버지가 죽음을 앞둔 마지막 순간에 아슬아슬하게 예수님을 믿고 영생을 선물로 받으셨으니 아무리 생각해도 하나님께서 아버지를 무지무지 사랑하신 것만은 분명하다.

나는 아버지의 죽음 이후 오래도록 한국영화를 보지 않았다. 차마 아버지의 카메라가 보이는 그 스크린을 쳐다볼 수 없었기 때문이다. 한국영화에 종사하는 수많은 아버지들의 아픔이 느껴져서 볼 수가 없었다. 매년 대종상을 비롯한 각종 시상식에서 촬영상을 탔던 일이며, 내가 대학 시절에 아버지를 따라 영화 스크립터 일을 했던 일이며, 더 어린 시절엔 몇몇 영화에 아역배우로 출연했던 일들까지, 하나 둘 망각의 강에서 길어 올려진다.

아버지는 돌아가시기 몇 달 전까지도 영화촬영에 몰두하셨다. 위암 환자가 촬영을 하고 있으니, 각종 약과 죽을 쒀서 촬영장을 따라다니기도 했다. 가족이 뒷전일 만큼 아버지의 영화 사랑과 열정이 한국영화의 밀알이 되어 지금 많은 열매를 맺고 있음을 나는 너무나 뒤늦게 깨닫고 있다. 그리고 아버지에게 매우 늦은 사과를 올려드린다.

부모와 자녀는 서로 말하지 않아도, 직접 가르치지 않아도 그런 것까지 닮는 것 같다. 그래서 우리가 태어나고 자란 환경은 한 사람의 인격을 형성하는 밑그림이 될 수밖에 없다. 사랑하는 마음이 깊어지면 애증이 되고, 그리움이 깊어지면 오히려 기억에서 의도적으로 지워진다. 나는 지금도 TV나 방송에서 아픈 사람 이야기가 나오면 채널을 돌려버린다. 너무 깊게 감정이입이 되어 마음뿐 아니라 몸까지 아프기 때문이다. 이제 덤덤해질 때도 됐건만, 대학 시절을 떠올리면 암담한 병원밖에 생각나는 것이 없을 정도로 그 시절 병마는 내 삶을 압도했고 나를 지치게 했다. 그렇게 건강하던 아버지가 위암에 걸려 몇 차례 대수술을 했으나 끝내 돌아가셨고, 얼마 후 할머니가 교통사고로 돌아가시더니 외숙모가 갑작스런 병으로 돌아가셨다. 사랑하는 가족들을 슬퍼

할 새도 없이 떠나보내야 했던 것이다.

그 후 10년이 흘러 한 아이의 엄마가 되었을 때 죽음에 대한 아픈 기억이 다시 나를 쳤다. 나를 너무도 아껴 주시던 아버지의 죽음 앞에서 무기력했던 것처럼 나는 또다시 아픈 내 아이 앞에서 속수무책이 되었고, 그 때문에 고통하며 절망했다.

'가족 지도'를 만들어 나와 가족을 이해하기

이제 여러분도 최초로 기억되는 자신의 어린 시절과 아픔과 기쁨을 떠올려 보라. 이것은 나 자신과 배우자와 자녀를 이해하는 데 큰 도움이 된다. 나는 특별히 '가족 지도'(Family Map)를 만들어 나와 가족을 이해하려고 했다. 우선 나의 부모님과 남편의 부모님, 나와 남편, 그리고 자녀의 장점과 단점을 적어 보았다. 하지만 이것은 개인의 관점에 따라 장점이 단점이 될 수 있고 단점이 장점이 될 수 있음을 알아야 한다. 가령, 신중함이 느린 행동으로 보일 수 있고, 민첩하고 신속한 결단이 경솔함으로 보일 수 있다. 정이 많은 사람은 관계를 중시하다 보니 자칫 책임감 없는 사람으로 보일 수도 있다. 반대로 책임감이 강한 사람은 매정한 사람으로 보일 수도 있다.

학창 시절, 미술실에서 석고 데생을 그릴 때를 생각해 보자. 같은 조각상을 그려도 내가 어느 자리에 앉느냐에 따라 창문으로 들어오는 빛의 세기와 그림자가 달라진다. 내가 안다고 생각한 그 사람도 나의 관점과 기준에 따른 것일 뿐이다. 다른 사람이 보면 전혀 다르게 이해될 수 있다.

가족 지도를 기록해 보면, 부부가 각자 성장해 온 가문의 장점과 기도로 끊어 내야 할 단점이 한눈에 보이게 된다. 부모의 병든 자존감은 대부분 대물림된다. 그러면 자녀들에게 왜 그런 모습이 보이는지 그 원인을 이해할 수 있다. 물론 미리 예측해 그 부분을 보완할 기회가 되기도 한다.

	남편 가문	아내 가문
좋은기억		
좋은 점		
나쁜기억		
고치고싶은점		

• 가족지도 •

장점	(나의) 아버지	단점

장점	(나의) 어머니	단점

장점	(배우자의) 아버지	단점

장점	(배우자의) 어머니	단점

장점	나	단점

장점	배우자	단점

장점	자녀 1	단점

장점	자녀 2	단점

친정 부모나 시부모, 나의 부모나 장인장모에 대한 좋은 기억과 나쁜 기억, 장점과 단점, 대물림해 주고 싶은 장점과 당대에서 끊어 버리고 싶은 점 등을 부부가 각각 객관화시켜 보면, 현재 자라고 있는 자녀에 대한 성경적 자녀양육의 새로운 플랜을 세울 수 있다.

이렇게 나의 관점에서 배우자, 자녀, 부모, 배우자의 부모에 관해 관찰한 것을 단어로 표현해서 기록해 보면, 그동안 마음속에 숨어 있어서 잘 보이지 않던 문제들이 구체적으로 수면 위로 떠오르는 경험을 하게 된다. 현재 내가 갖고 있는 고질적인 마음, 생각, 감정, 행동의 문제, 내 자녀가 갖고 있는 골칫거리, 번번이 부부싸움 거리가 되는 사소하지만 끈질긴 이슈들을 객관적으로 이해하게 된다.

관찰 후에는 장점은 더욱 발전시키도록 노력하고, 단점은 지속적인 기도 목록으로 삼는 것이 좋다. 나는 이 표를 몇 년에 한 번씩 주기적으로 기록하고 나의 장단점에 대해 주님 앞에서 투명하게 바라보며, 주신 은사는 개발하고 버리고 싶은 문제는 큐티와 기도와 말씀으로 하나님께 은혜를 구하면서 고침 받고 있다. 이 같은 적용은 오직 당사자에게만 하는 것이 성경적인 견해다. 이 표는 나를 좀 더 객관적으로 관찰하고 지속적인 자기성찰, 자기반성을 할 수 있을 뿐 아니라 그동안 왜곡됐던 병든 자존감을 성경적 자존감으로 회복하는 데 큰 도움이 될 것이다. 부모의 자존감이 성경적으로 치유되면 자신을 얽어매는 아픔의 덫에서 구출될 수 있다. 뿐만 아니라 내 자녀에게 발생하게 될 여러 가지 성향들도 예측이 가능하다.

예를 들면, 나의 친정에서는 아버지 쪽으로부터 흐르는 예술의 피가 있는데, 자칫하면 자신의 꿈만 좇는 인생을 살기 쉽다. 인생은 꿈도 있어야 하지만 현실에 발을 딛고 있어야 한다. 모든 일에는 균형과 질서, 조화가 필요하다. 더구나 그리스도인은 자신의 이상과 꿈만을 이루기 위해 사는 인생이 아니라, 하나님께서 각자에게 주신 은사와 사명을 발견하고, 하나님과 이웃을 위해서 살아가는 인생이어야 함을 잊어서는 안 된다. 그래서 나는 내 아들이 어렸을 때부터 성경 말씀을 먼저 가르치고 말씀을 함께 암송했다. 또 자신의 꿈만을 좇는 이기심과 허황된 마음을 갖기 전에 하나님이 주신 은사를 발견하고 실천하도록 돕고 성실이 몸에 배게 하기를 힘썼다. 한편, 내 아버지가 술 때문에 몸에 병을 얻어 46세의 젊은 나이에 돌아가신 일이 가슴에 한으로 남아 있어서, 태교 때부터 술은 냄새도 맡기 싫어하는 아이를 달라고 간구했다. 하나님은 이 모든 기도를 다 응답해 주셨다.

가문마다 흐르는 버리고 싶은 아픔을 일단 기록한 후에 믿음의 가위를 들고 가지치기를 하면 같은 아픔을 자손대대로 물려주지 않고 끊어낼 수 있다.

내가 가족 지도를 사용하여 확실히 끊어 버린 일이 하나 있다. 바로 가난 문제다. 나는 아버지의 죽음 이후 물려받은 지독한 가난이 너무 불편하고 끔찍했다. 개성 부자 할아버지와 달리 아버지는 물질에 대한 현실 감각이 거의 없었다. 어쩌면 부자 할아버지에 대한 반감으로 물질과 상관없는 길을 걸으셨는지도 모르겠다. 덕분에 우리 가족은 가난을 감수해야 했다. 어머니는 그중 가장 큰 피해자였다. 남편이 꿈만 좇으면, 그의 아내가 겪어야 하는 몸 고생 마음고생은 말도 못한다. 나는 이

가난을 내 인생에서 완전히 끊어 버리고 싶어서, 십일조에 대한 성경 말씀을 읽은 뒤 이렇게 기도했다.

> [8] 사람이 어찌 하나님의 것을 도둑질하겠느냐 그러나 너희는 나의 것을 도둑질하고도 말하기를 우리가 어떻게 주의 것을 도둑질하였나이까 하는도다 이는 곧 십일조와 봉헌물이라 [9] 너희 곧 온 나라가 나의 것을 도둑질하였으므로 너희가 저주를 받았느니라 [10] 만군의 여호와가 이르노라 너희의 온전한 십일조를 창고에 들여 나의 집에 양식이 있게 하고 그것으로 나를 시험하여 내가 하늘 문을 열고 너희에게 복을 쌓을 곳이 없도록 붓지 아니하나 보라 (말 3:8-10)

"하나님 아버지, 아버지도 돌아가시고 빚도 있고 가난도 너무 불편하고 무척 힘이 듭니다. 저는 이제 대학을 졸업하는데 이렇게 가난하고 구차하게 사는 게 싫습니다. 만일 십일조에 대한 약속이 사실이라면 저에게 십의 구를 주세요. 십의 구를 주시면 제가 하나님을 잘 믿겠습니다. 예수님의 이름으로 기도합니다. 아멘."

이렇게 기도하고 정확히 한 달 만에 출판사에 취직할 수 있었다. 많은 그리스도인들이 십일조를 내라는 말씀을 불편해하거나, 순종하지 않는다. 하지만 나는 당시 워낙 가난한 대학생이었기 때문에 시험에 들거나 불편할 필요가 전혀 없었다. 다시 말해 시험에 들 만큼 가진 돈도 없었고, 워낙 기댈 언덕이 없다 보니 없는 믿음이지만 하나님께 기댔고, 그분의 약속대로 십의 구를 정말로 받게 된 것이다.

그 이후로 어떤 환경에서도 심지어 아무 수입이 없을 때에도 하나님의 약속대로 가난하지 않고, 쌓을 곳이 없이 부어 주시는 넘치는 축복 가운데 십의 구를 언제나 공급받는 하나님의 은혜를 입고 있다.

혹시 나처럼 아버지의 죽음, 남편의 실직, 남겨진 가정의 빚, 치욕스런 가난 때문에 인생을 시작도 해보기 전에 물질적으로 어려운 사람이 있다면, 당장 이렇게 기도를 시작하고 하나님이 어떻게 하시는지 시험해 보기 바란다. "하나님 아버지, 저에게도 십의 구를 주세요. 하늘문을 여시고 쌓을 곳이 없도록 부어 주세요. 예수님의 이름으로 기도합니다. 아멘." 이건 나의 약속이 아니라 하나님의 약속이니 담대하게 전하고 자신 있게 권한다.

Part 3

성경적 자존감은 **하나님의 사람으로** 세워 준다

아이를 키우는 동안 내 마음은 전쟁터일 때가 많았다. 특히 새로 접하는 성경 지식과 이전에 갖고 있던 경험과 습관과 인본주의적 가치관이 충돌할 때는 마음과 생각이 영락없는 전쟁터였다. 성경적인 가치관을 갖는 데는 여러 가지 공부와 훈련이 필요했다. 그동안 옳다고 생각했던 일들이 성경과 다르면 정말로 내 손에 가위를 들고 있다가 눈에 보이는 대로 생각의 가지들을 쳐내기 시작했다. 그러나 그 가지들은 아무리 잘라 내도 어찌나 새순을 빨리 돋우고 조금만 소홀히 하면 마음속에 울창한 가지들을 드리우는지, 뿌리를 뽑지 않는 한, 해도 해도 끝이 없는 마음고생이었다.

만남 8

성경적 자존감은 말씀 안에서 나를 발견하는 것이다

세상 가치관에서 성경적 가치관으로 바꾸는 것이 믿음이다. 세상 가치관은 하나님 없는 인간 중심의 세계관이다. 반면에 성경적 가치관의 기초는 하나님이 이 세상을 창조하신 창조주이심을 믿고(창 1:1), 예수 그리스도를 우리를 구원하시는 하나님으로 믿는 믿음이다(고전 8:6).

세상적 가치관과 성경적 가치관이 충돌하는 가장 치열한 장소가 바로 마음이다. 가령, 누구나 화를 낼 수 있다. 이때 세상적 가치관은 화가 난 것을 해결할 수 있는 여러 가지 이기적인 해결 방안을 제시한다. 하지만 성경은 단호하다. "분을 내어도 죄를 짓지 말며 해가 지도록 분을 품지 말고 마귀에게 틈을 주지 말라"(엡 4:26-27)고 가르치는 것이다. 이처럼 일상생활의 마음과 태도를 성경적 가치관으로 바꾸려면 반드시 믿음이 필요하다.

보편적 진리로 자리 잡은 세상 가치관

우리 자녀들은 어려운 시대를 살아가야 한다. 가정은 이전보다 훨씬 빠른 속도로 깨지고 있고, 그나마 온전해 보이는 부모라도 성공주의 신화에 속아서 자녀를 무한 경쟁주의로 내몰고 있다. 아이들이 배우는 학문이란 것도 철저히 인본주의에 입각하고 있다. 우리의 생각 속에는 너도 속고 나도 속는 인본주의적 메시지가 가득하다.

그리스도인 부모로서 진심으로 자녀가 하나님께 쓰임 받는 인물로 성장하기 원하는가? 자녀가 공부하는 목적이 하나님의 영광을 위해서이길 원하는가? 그리스도인 부모는 먼저 하나님의 말씀을 기준으로 삼고 자녀들을 세상의 성취주의와 성공주의로부터 구출해 내야 한다.

행복 때문에 불행해진 사람들

전쟁을 겪은 부모 세대의 화두가 폐허에서 살아남기였다면, 그로부터 70여 년이 흐른 지금의 화두는 '나의 행복'이다. 공동체가 아닌 나 개인의 행복인 것이다. 철학자 탁석산은 그의 책《행복 스트레스》에서 현대인을 '행복 때문에 불행해진 사람들'이라고 진단한다. 그는 정치, 경제, 사회, 문화 전반에 걸쳐 행복하기 위해서는 각자가 자기 인생의 주인공이 되어야 한다면서, 국가가 아무리 애를 써도 행복이란 결국 마음의 문제이며 마음은 개인이 알아서 다스릴 수밖에 없다고 말한다.

행복의 기준은 제각각이겠지만, 공통분모가 있다. 바로 '내 인생의 주인은 나다. 그러니 나는 내 마음대로 할 권리가 있다'라는 개인주의다.

이처럼 우리 사회에는 '나의 생각'만 옳다고 주장하며 '내 마음대로 해야 행복하다'는 잘못된 신념을 가진 사람들이 많다. 그러나 그 폐해가 만만치 않다. 이렇게 철저히 개인화된 행복을 추구했지만 그것이 번번이 좌절되기 때문인지 요즘 세상은 힐링 열풍에 사로잡혀 있다. 사는 게 얼마나 힘드냐고 토닥거리면서 '네 마음이 가장 중요한 거니까 네 마음 가는 대로 하라'고 위로해 준다.

물론 마음에 병이 생긴 사람에게는 꼭 필요한 처방이다. 하지만 당장은 듣기 좋은 이 같은 위로가 삶의 현장에서 힘이 될 수 있을까? 잠시는 그럴 수 있을지 모르지만, 언제까지나 내 마음대로 살 수 있을까? 그리고 그렇게 사는 것이 옳기만 할까?

잠시 냉정하게 생각해 보면, 자기 마음대로 살라고 부추기는 이 세상의 방향성이란 게 너무 무책임하다는 생각이 든다. 사실 세상이 가르치고 싶어 하는 중요한 메시지가 있다. 바로 각 사람의 인생과 개성이 가장 중요하다는 것이다. 나의 인생과 개성을 위해서는 부모도, 배우자도, 친구도, 국가도, 공동체도, 교회도 다음 순위로 밀려난다. 여기에 하나님이 끼어들 자리는 더더군다나 없다.

"생각대로 해. 그게 답이야."

어느 통신회사의 광고 카피다. '네 마음대로 해, 그럼 행복해질 거야'와 맥락이 다르지 않다. 그런데 과연 내 생각대로 하면 행복할까? 과연 인간은 인생의 답을 알 만큼 대단한 존재인가? 내 인생의 답은 내가 안다고 자신 있게 말할 수 있을 만큼 우리는 똑똑한가?

최근에 세기의 대국으로 전 세계의 이목을 집중시킨 컴퓨터 '알파고'와 천재 바둑기사 이세돌의 대결에서 보듯이 미래 사회로 갈수록 인간의 능력과 존엄성이 끊임없이 위협받고 있다. 과연 인간의 존엄함을 우리의 능력이나 우월성에서 찾는 것이 가능하기나 한 것인지 돌아봐야 할 것이다.

"괜찮아, 다 잘될 거야! 우리가 행복하게 만들어 줄게"

"괜찮아, 다 잘될 거야! 우리가 행복하게 만들어 줄게."

어떤가? 이 말이 위로가 되는가? 아니 믿어지는가? 우리 자녀를 위로받기 좋아하는 응석받이로 키우고 싶다면 이 말을 무한 반복해도 좋을 것이다. 하지만 어엿한 한 사람의 그리스도인으로서 성장하길 원한다면 안 되는 것은 안 된다고 말할 수 있어야 한다. 힘들어도 견뎌야 하고, 하기 싫어도 해야 한다고 말할 수 있어야 한다. 그리고 부모 자신이 삶에서 모범을 보여야 한다.

스마트폰, 영화, 드라마, 텔레비전, 인터넷 등은 현대인에게 편리를 제공하지만 한편으로 세상 신이 대중의 마음을 동시다발적으로 집중 공략할 수 있는 강력한 통로가 되기도 한다. 사실 우리는 잘 안다. 우리 마음이 얼마나 미혹되기 쉬운지, 얼마나 경계심 없이 가짜 행복 바이러스에 노출되어 있는지를. 그리고 우리는 안다. 어린 자녀의 문제가 곧 나의 문제라는 것을. 다만 외면하고 싶을 뿐이다.

이것을 인정하고 받아들이기 시작하면 그때부터 기적이 일어난다. 나의 죄악된 마음의 동기와 병든 마음의 상태를 깨닫고 회개하고 용서를 구하는 기도를 하면 하나님은 내 마음에 깊이 내린 상한 마음과 병든 마음을 하나하나 고쳐 주신다.

잔병치레가 많은 아들을 키우면서 처음 만나게 된 내 마음의 상태는, 교만, 두려움, 분노, 염려 등이었다. 아이가 자라면서는 거짓, 탐심, 질투, 분노, 비교, 자랑, 낙심, 절망 등이 내 마음에 가득한 것을 발견했다. 이 시대가 열망하는 자기 숭배(self-worship)에서 조금도 벗어나지 못한 것이다. 그리스도인은 자기를 숭배하는 죄를 끊고 주님을 예배(Lord-worship)하는 사람이다. 자기 존중에서 하나님 존중으로 마음을 바꾸고 사는 사람들이다. 그런데도 나는 하나님을 영화롭게도 하지 않고 감사하지도 않고, 허망하고 미련함으로 마음이 어두워진 때가 얼마나 많았는지 모른다(롬 1:21).

'잔디 깎기 부모'

최근 미국에는 '헬리콥터 부모', '타이거 부모'에 이어 '잔디 깎기 부모'가 등장했다. 교육 천국으로 알려진 북미 아이비리그 재학생들의 연이은 자살 소식에 미국 교육계가 비상이 걸리면서 뉴욕타임스는 '잔디 깎기 부모'(lawn mower parents)의 과잉보호가 학생들을 자살에까지 이르게 했다고 보도했다.

'잔디 깎기 부모'는 헬리콥터 부모나 타이거 부모의 교육열을 넘어서, 과잉보호형 부모의 극치를 보여 준다. 헬리콥터 부모가 자녀 주위를 헬리콥터처럼 맴돌다가 사소한 일에도 착륙해서 사사건건 간섭하는 유형이라면, 새롭게 등장한 '잔디 깎기 부모'는 자녀 인생에 나타나는 모든 장애물을 알아서 미리미리 처리해 주는 부모를 일컫는다.

2002년부터 10년간 스탠퍼드대학의 1학년 담당 학장을 지낸 줄리 리트콧 하임스 교수는 "자녀와 수시로 통화하며, 강의실에 등장해 수강 신청을 대신하고 교수 상담을 신청하는 학부모가 눈에 띄게 많아졌다"면서 "'헬리콥터 부모' 수준에서 진화한 이 '잔디 깎기 부모'들은 아이들에게 시도 때도 없이 성공에 대한 압박을 준다"고 말했다. 그는 "이런 학생들은 홀로서기에 실패할 뿐만 아니라, 좌절을 이겨 내는 법을 배우지 못한다"고 지적했다.

또래 사이의 '오리 신드롬'(Duck syndrome)도 자살의 원인으로 지목됐다. 오리 신드롬이란 물속에선 버둥거리면서도 SNS 같은 열린 공간에선 행복하고 우아한 척하는 것을 말한다. 코넬대학 상담소장은 "SNS상의 모습만 보고 다른 친구들은 나와 달리 어려움을 겪지 않는다고 생각해 작은 실수에도 좌절하게 된다"고 분석했다.

이것이 비단 미국에서의 일만은 아닐 것이다. 우리나라에서도 벌써 10여 년 전부터 각 대학 과사무실과 지도교수실에 학부모들의 전화가 심심찮게 걸려온다고 한다. 학기 수강 신청을 고쳐 달라든가 자녀의 학점이 잘못 나왔으니 다시 채점해 달라든가 심지어 기업의 인사팀까지 찾아가는 부모도 있다니 기가 막힐 노릇이다.

자녀의 인생에 지속적인 관심을 갖고 지도하는 것과, 자녀가 겪을 어려움과 힘든 일을 미리 차단하고 대신해 주는 것은 전혀 다른 차원의 것이다. '잔디 깎기 부모'야말로 자녀의 자존감을 깎아내리고 짓밟는 병든 부모의 전형이다. 그리고 이것은 이 시대 병폐의 핵심인 성공주의와 탐심이라는 우상숭배의 전형이다.

세상은 자존감을 높이라고 이야기한다

자존감의 정의는 정말 다양하다. 학자들마다 다 달라서 통합이 되지 않는다. 그래서 브랜든(N. Branden)은 자존감에 정의를 내리는 것이 마치 바벨탑 쌓기 같다고 말했다(브랜든, 《자존감의 여섯 기둥》). 그런데 모든 자존감 연구는 신기하게도 동일한 방향성을 갖고 있다. '낮은 자존감'에서 '높은 자존감'으로 끌어올리라는 것이다. 심리학이 만들어 낸 '자존감'의 의미를 요약해 보면, '자기 존중', '자기 사랑', '자기 긍정', '자기 수용' 등이다. 자존감 연구의 목적 또한 개인의 행복 추구다. 아이가 불행한 것은 자존감이 낮기 때문이므로, 아이를 행복하게 하기 위해서 자존감을 높이는 교육을 해야 하고, 부모가 행복해야 아이도 행복하므로, 부모도 자존감을 높여야 한다는 것이 자존감 연구의 요체다.

이처럼 모든 인본주의 사상의 핵심은 궁극적인 희망이 인간 자신에게 있다는 것이다. 하나님이 철저하게 배제되어 있다. 자존감 연구가 개인과 사회에 미치는 영향을 조사한 '성경적 자존감' 연구가들의 견해를 들어 보자.

'성경적 자존감' 연구가들에 따르면, 높은 자존감을 가진 사람이 낮은 자존감을 가진 사람들보다 타인에게 더 큰 위협을 일으킨다고 지적한다. 신학과 상담학의 통합을 시도해 온 존스(Ian F. Jones) 박사는 성경적 자존감은 방종의 철학, 개인의 우월감 그리고 자존감의 향상을 주장하지 않는다고 말한다. 그리고 성경적인 사랑이야말로 이기적이거나 자기중심적이지 않다고 강조한다.

높은 자존감에 대한 세상 학문의 이해는 성경에서 말하는 자만심이나 거만한 마음(잠 16:18)과 밀접하게 관련이 있다. 지나친 자신감, 거만함, 그리고 비현실적인 자만으로 가득한 사람들이다. 온 존스 박사는 높은 자존감을 가진 사람이 갖게 되는 자만심은 어리석은 말과 행동으로 이어지기 쉽다고 진단한다. 가령 가난한 사람들을 학대하고 모든 관계에서 갈등과 부조화를 일으키며 자신에게 꼭 필요한 말을 듣지 못하며 이기적인 것을 자랑으로 여긴다(시 10:2-3).

'성경적 자존감' 연구가들에 따르면, 높은 자존감을 가진 사람들은 인종차별적인 태도를 쉽게 받아들이고, 다른 사람들에게 훨씬 더 공격적으로 행동한다. 실제로 죄수들이 일반인들보다 자존감이 더 높은 것으로 조사되기도 했다. 자존감이 높은 사람들은 대개 자기 자신에 대해 비현실적인 인식을 갖고 있기 때문에 타인에게 위협을 받는다 싶으면 공격적이기 쉬운 것도 특징이다(온 존스, 《성경적 기독교 상담》).

성경은 하나님 존중을 가르친다. 성경은 '자기 사랑'을 강조하지 않는다. 오히려 '자기 부인'(마 16:24, 막 8:34, 눅 9:24)을 강조하고 '자기 사랑'이나 '자기 자랑'은 금지한다(시 12:3). 심지어 말세에 보편적으로 나타나는 현상으로 '자기 사랑'과 '자만'을 언급했다(딤후 3:1-5).

이상하지 않은가? '자기 사랑'과 '자기 존중'을 높이라는 심리학의 가르침과 정반대로 성경은 자기를 사랑하고 자기를 자랑하는 자에게서 돌아서라고 가르치니 말이다. 나는 오래전부터 성경이 왜 '자기 사랑'을 가르치지 않는지 궁금했다. 성경은 하나님이 자기 아들을 십자가에 내어 주시기까지 우리를 사랑한다고 말하고 있다. 하나님 눈에 그렇게 사랑스럽다면서 어째서 우리더러는 자기 자신을 사랑하라고 가르치지 않고 오히려 자기를 부인하라고 가르치는가?

나는 아들을 낳고 기르면서 성경의 가르침이 과연 옳다는 걸 깨달았다. 부모, 형제, 친구, 이웃도 몰라보면서 자기만 사랑하는 것을 성경은 경계하지만, 그 누구보다 자신이 소중한 존재인 것을 알고 이웃을 사랑하는 것이 성경이 가르치는 사랑이다.

병적인 자기 사랑은 자만이며 교만이다. 적정 범위를 넘어선 높은 자존감 또한 거만함이나 교만함으로 변질될 가능성이 높다. 가장 성경적인 자기 사랑은 이렇다.

> 원수를 갚지 말며 동포를 원망하지 말며 네 이웃 사랑하기를 네 자신과 같이 사랑하라 나는 여호와이니라 (레 19:18)
>
> 네 마음을 다하며 목숨을 다하며 힘을 다하며 뜻을 다하여 주 너의 하나님을 사랑하고 또한 네 이웃을 네 자신같이 사랑하라 (눅 10:27)

가난한 자를 돌보며, 원수를 갚지 말며, 우리가 하나님께 용서를 받은 것처럼 다른 사람을 용서하는 사랑이 바로 성경이 말씀하는 자기 사랑인 것이다.

이웃 사랑이 결여된 자기 사랑은 사실 낮은 자존감에서 파생된 병든 감정이다. 다른 사람이 나를 사랑하지 않으니 내가 나를 사랑하고 지켜야 한다는 자기방어기제로 나타나는 현상이기 때문이다.

솔직히 고백하자면, 나는 오래 참기가 너무 어렵다. 온유하고 시기하지 않는 일도 정말 힘들다. 나는 자랑하지 않고 교만하지 않기 위해 늘 기도해야 한다. 나는 부지불식간에 무례히 말하고 무례히 행한다. 본능적으로 자기의 유익을 구한다. 나는 평소 성내지 않을 수 있지만, 상황만 되면 깊은 속까지 성내지 않기가 늘 어렵다. 나는 옳고 다른 사람이 틀렸다는 생각을 자주 한다. 진리와 함께 기뻐하기도 너무 어렵다. 잠시만 마음의 끈을 늦추면, 안목의 정욕, 이생의 자랑, 육신의 정욕을 절제하고 제거하기가 어렵다(요일 2:16).

끝까지 참고, 믿고, 바라고, 견디는 게 과연 가능할까? 그것도 나 자신의 유익이 아닌 예수 그리스도의 생명 때문에? 모든 것을 참으며 모든 것을 믿으며 모든 것을 바라며 모든 것을 견딜 수 있는 능력이 내겐 없다. 사소한 일에 마음이 요동치고, 자존감이 무너지고, 부정적인 생각과 마음의 가시들 때문에 괴롭고, 심지어 정체성까지 흔들리곤 한다. 믿음, 소망, 사랑 이 세 가지 중에서 믿음과 소망만 좋다. 실제로 오래도록 믿음, 소망, 사랑 중에 제일이 믿음인 줄 알고 살았다. 어느 날, 이 중에 제일이 사랑이라고 말씀하신 사실을 깨닫고 너무나 절망스러워서 많이 울기도 했다.

개척교회의 목회 현장에서 고통스러운 일을 많이 겪으면서 오랫동안 새벽마다 통곡을 했다. 절대로 용서하기 싫어서, 사랑하기 싫어서 통곡했다. 마음의 통증은 육체의 고통으로 옮겨져 병원 출입까지 해야 했다.

나는 지금도 고린도전서 13장을 묵상하면 수치심 때문에 눈물이 흐른다. 이 눈물의 정체는 회개가 아니라 자기 사랑 때문이다. 그래서 나는 높은 자존감을 가지라는 목소리가 불편하다. 배설물로 여겨야 할 것을 너무 많이 사랑하다 보니 늘 불편하고 괴로운 까닭이다. 하루 24시간, 일주일 168시간씩 주어진 생명의 시간마다 예수 그리스도보다 내가 더 사랑스럽고, 자식보다 내가 더 사랑스럽고, 남편보다 내가 더 사랑스럽고, 부모보다 내가 더 사랑스러운 이 끈질긴 자기 사랑은 수십, 수백 차례 흘린 회개의 눈물에도 꿈쩍을 하지 않는다.

자기 사랑을 수시로 끊어내려면 오직 예수 그리스도의 십자가 사랑을 믿고 계속 주님의 은혜를 구하는 것 외에 다른 방법이 없다. "주님의 눈을 주세요. 주님의 마음을 주세요. 주님의 생각을 주세요" 하며 수시로 지혜를 구하고 실천하는 길밖에 없다.

그렇다면 그리스도인 부모가 실생활에서 자녀의 이기심이나 병든 자존감을 유발시키지 않고 어떻게 자녀에게 성경적 자존감을 키워 줄 수 있을까? 우리 집에서의 일이 하나의 힌트가 될 것 같다.

식구의 동의를 모두 얻은 남편이 드디어 목사님이 되고자 직장을 그만둔 뒤의 일이다. 교회를 개척하면서 당장 수입이 없어진 나는 우리 가정의 경제 문제를 아이에게 어떻게 가르쳐야 할까 고심하며 기도했다. 그 결과 '수입에 맞는 지출'을 하고, 결코 아이 때문에 과잉지출을 하지 말기로 결정했다. 그러나 갑자기 생활습관을 바꾸는 게 어디 말처럼 쉬운 일인가? 많은 부모들의 큰 실수 중에 하나가 입으로는 '돈이 없다' 하면서, 조르고 또 조르면 빚을 내서라도 자녀 손에 쥐어 주는 일이기 때문에 자녀에게 수입의 한도를 넘어서 잘해 주고 싶은 유혹을 뿌리치는 게 관건이었다.

그런 지혜가 떠오르자, 가장 먼저 식탁에 변화를 주기 시작했다. 좀 치사한 방법 같아도, 자녀의 마음과 생활습관을 바꾸는 데는 먹을 것으로 변화를 가르치는 게 가장 효과가 크기 때문이었다. 우선, 내 아들이 가장 좋아하는 고기반찬을 식탁에 올리지 않았다. 고기 대신 두부, 콩으로 대체했다. 아들은 처음 며칠은 눈치를 못 채더니 드디어 "엄마, 고기가 먹고 싶어요. 고기반찬 해주세요" 하는 것이었다. 그래서 무심하고 담담하게 이렇게 대답했다.

"이제 우리 가정은 개척교회 목사님 가정이니까 고기를 자주 먹을 수가 없어. 달걀도 두부도 충분히 맛있으니까 감사하게 먹어."

아무 말 없이 물끄러미 나를 바라보던 아들이 이렇게 말했다.

"그럼 이제 우리 집은 가난해진 거예요? 아빠가 목사님 되면 가난해지는 거예요?"

나는 마침내 준비했던 대답을 했다.

"아니, 아빠가 이제 더 좋은 일을 하시게 된 거니까 가난해진 게 아니야. 그동안 대기업 다니면서 우리에게 늘 좋은 걸 먹여 주고 입혀 주셨는데 감사해야지. 아마 이 세상 개척교회 목사님 중에 우리 집이 제일 부자일 거야."

"이럴 줄 알았으면 아빠가 목사님 된다고 하실 때 우리가 말릴걸 그랬어요."

단지 자기가 좋아하는 고기 반찬 좀 안 해 줬다고 이렇게 노골적으로 불평하는 걸 보면서, 나도 사실은 속으로 이렇게 말하고 있었다. '그래, 엄마도 사실 정말 끝까지 반대하고 싶었어. 하지만 아빠의 주인이 너랑 내가 아니잖아. 하나님이시잖아. 그러니까 너랑 나는 아빠를 쓰시겠다고 하는 하나님을 막을 수가 없는 거야.'

나도 속으로는 후회막급으로 도망가고 싶었지만, 다행히 성령님께서 내 입술에 파수꾼을 세워 주셔서 나는 그날 아이에게 이런 말을 하지 않을 수 있었다.

성경적 자존감은 환경과 상황에 따라 좌지우지 되는 것이 아니다. 가난해져도, 부해져도, 실패했어도, 성취했어도 우리가 존귀한 근거가 외부 상황에 있는 것이 아니라 하나님의 창조하심에 있기 때문이다. 그러므로 자녀를 대할 때 그리스도인 부모는 늘 이 사실을 잊지 말아야 한다.

갑자기 가정 경제가 어려워지더라도 부모가 자녀에게 굽신거리지 않고 담담하게 있는 현실 그대로를 적응하며, 하나님께 은혜와 지혜를 구하는 모습을 보여 주는 것이 필요하다.

성경적 자존감은 '회복'되는 것이다

성경적 자존감이란 죄에서 벗어나 하나님이 창조하신 인간의 모습으로 회복되는 것이다. 단지 자신에 대한 감정과 느낌뿐만 아니라 그 생각의 근거가 성경 말씀으로 회복된 자존감이다. 인간의 관점에서 바라보는 자존감과 하나님의 관점에서 바라보는 자존감은 출발이 다르다. 모든 인간은 예수님 안에서 회복되어야 건강한 자존감을 갖게 된다. 그러나 세상의 영은 에덴동산에서부터 지금까지 우리를 끊임없이 교란시키고 혼돈시키는 데 여념이 없다. 에덴동산에서 뱀이 여자에게 선악과에 관한 질문으로 마음과 생각을 공격했던 것처럼, 현대의 우리에게도 그 패턴을 그대로 적용하는 중이다.

창세기 3장 1절의 말씀처럼 세상의 영이 주장하는 요체는 단 하나다. "인간은 하나님처럼 눈이 밝아질 수 있다. 인간은 하나님처럼 높아질 수 있다. 즉 인간은 스스로 하나님처럼 될 수 있다." 그러나 성경은 우리가 하나님의 형상대로 지음 받은 피조물이며, 하나님이 생기를 불어넣어서 생령이 되었다고 가르친다(창 2:7).

성경적 관점에서 보면, 이 세상은 누가 어떻게 왜 창조했는가, 나는 누구이고 무엇 때문에 살아야 하는가, 나는 이 세상에 왜 존재하는가에 관한 모든 해답이 하나님에게서 시작된다(골 1:16).

인간이 자신을 스스로 높이든 낮추든 병든 자존감은 아담이 에덴동산에서 하나님과 분리되면서 생겨난 죄로부터 발생했다. 그러므로 그리스도인은 스스로 자기를 높이거나 낮출 수 있는 권한이 없는 사람들이다. 예수 그리스도를 만나면, 일평생 언제든지 죄를 돌이키고 새롭게 변화를 받고, 자신에 대한 근거 없는 자존감과 병든 마음들을 버릴 수 있다. 그것이 성경의 기록이며 하나님 사랑의 약속이다.

그러므로 성경적 자존감은 구원받는 믿음에서 나온다. 성경적 자존감은 긍정의 힘에서 나오는 것이 아니다. 예수 그리스도를 영접하는 믿음의 고백이 일어나기 시작하면, 그때부터 선물로 받게 되는 생명의 마음이기 때문이다. 성경이 말하는 인간 존재의 한계와 죄된 속성을 이해하고 예수 그리스도를 구세주로 믿을 때 받는 생명의 선물이다(행 16:31). 에덴동산에서 하나님께 불순종하고 쫓겨났던 타락된 존재로부터, 예수 그리스도의 십자가 죽음과 부활을 믿음으로 구원받은 자의 위치로 회복될 때 나오는 것이다. 그래서 예수 그리스도의 구원 없이 자존감이 너무 높아도 문제가 되고 너무 낮아도 문제가 되는 것이다. 예수님 없는 인생은 결국 좌로나 우로나 치우쳐서 사고를 치게 된다.

현재 우리의 자존감이 낮든 높든, 부정적이든 긍정적이든, 좌로나 우로나 치우치지 않게 도와주시는 분은 오직 성령님밖에 없다. 어느 한쪽으로 치우치면 사고가 나니 안전선을 벗어나지 않도록 성령님께서 매 순간 도우신다.

이와 같이 성령 안에서 회복된 자존감으로 살아가려면 꼭 필요한 마음이 바로 '성경적 정체성'이다. '성경적 정체성'은 하나님의 말씀 안에서 인간인 나의 원래 모습을 발견하는 것이다. 그런데 나한테 보이는 나의 모습과 느낌으로 나를 인식하면 자꾸 근본이 흔들린다. 성경적인 시각에서 자기 자신을 인식하는 '자존감'과 '자기 정체감'을 회복해야 상황과 환경도 초월하는 믿음의 사람이 된다. 하나님은 하나님의 형상대로 창조된(창 1:27) 우리가 '성경적 자존감'을 가진 사람으로 회복되기를 원하신다. 성경적 자존감으로 회복되어야 엄마의 마음 크기도 자라고, 아이의 인생 크기도 하나님 안에서 자라게 된다.

자녀의
성경적 자존감 회복,
이렇게 시작하자

성경적 자존감의 특징

다음은 상한 마음이 회복되고 성경적 정체성이 바르게 정립된 사람이 갖게 되는 성경적 자존감의 특징이다.

첫째, 성경적 자존감이란, 하나님께서 그분의 형상대로 나를 지으신 것을 믿고 아는 것이다.

죄로 변질되기 전까지 우리는 하나님의 형상을 닮은 모습이었다. 인류는 타락 후 하나님이 창조하신 원래의 형상을 잃어버리게 되었다. 오늘날 문화와 철학, 종교, 학문 등은 우리가 하나님의 형상에 따라 지음 받은 존재라는 사실을 정면으로 부인하고 있다.

대학에서 생물학을 전공한 나는 오랫동안 교회를 다녔어도 근본적으로 인본주의자이자 진화론자였다. 그러던 내가 미숙아 아들을 낳은 뒤 응급실을 오가면서 인생이 뒤집어지는 사실을 깨닫게 되었다. 내가 한 아이의 엄마가 된 것은, 한낱 세포들의 진화에 의한 산물일 리 없다는 사실이었다. 내가 만일 이 아이를 만들고 낳고 책임질 수 있는 존재라면, 최소한 아이가 아플 때 고칠 수도 있어야 하는데 내게는 그럴 능력이 없었다. 내게 없다면 다른 이에게라도 있어야 하는데 어떤 인간도 그 능력을 완전히 소유하지 않았다. 인간은 자기 몸의 질병도 장악하지 못하는 불완전하고 연약한 존재였다.

나는 이 사실과 직면한 뒤 인본주의와 진화론을 버렸다. 아픈 아이의 엄마로서 직면한 인간의 무능함과 한계는 내가 하나님의 형상대로 지음 받은 존재라는 사실을 믿고 받아들이는 축복의 통로가 되었다.

둘째, 성경적 자존감은 성경 안에서 나의 창조된 가치를 깨닫는 것이다.

> 그러나 여호와여, 이제 주는 우리 아버지시니이다 우리는 진흙이요 주는 토기장이시니 우리는 다 주의 손으로 지으신 것이니이다
>
> (사 64:8)

하나님은 AS(애프터서비스)에 관한 한 타의 추종을 불허하시는 분 같다. 손수 자신의 형상으로 창조하신 인간이 죄로 인해 불량품이 되자

완벽한 AS로 보살피시니 말이다. 예수님을 보내 주시더니, 시간과 공간의 제한을 받지 않으시는 성령님까지 보내 주셔서 매 순간 고치시고 인도하시고 도와주신다. 성경적 자존감은 우리는 모두 'Made in God', 24시간 평생 AS가 보장된 하나님의 작품임을 아는 것이다.

하나님은 우리 모습 중 마음에 드는 부분은 더 완성도가 높게 만지시고 마음에 들지 않는 부분은 우리의 상상을 초월하는 방법과 수준으로 고치시고 회복해 주신다. 그러므로 성경적 자존감을 회복한 사람은 하나님의 섬세한 AS를 믿고 산다. 이것은 하나님을 만물을 창조하신 하나님으로 인정하고 자발적으로 고백하는 자만이 누리는 특권이다.

셋째, 성경적 자존감은 오직 여호와만을 자랑하는 인생이 되는 것이다.

애드 영(Ed Young) 목사님은 오늘날을 스타일(style), 지위(status), 성공(success)을 추구하고 자랑하는 '3S'의 시대라고 진단한다. 몸짱, 얼짱, 성형 중독, 물질 중독… 전 세계는 허세와 허영을 추구하는 것으로 대동단결한 모습이다. 한국교회의 그리스도인들도 스펙을 자랑하고 외모를 자랑하고 돈을 자랑하고 추구한다. 그러나 여호와 하나님은 지혜도, 용맹도, 부함도 자랑하지 말라고 하셨다. '3S'를 자랑하지 말라고 하신 것이다.

> [23] 여호와께서 이와 같이 말씀하시되 지혜로운 자는 그의 지혜를 자랑하지 말라 용사는 그의 용맹을 자랑하지 말라 부자는 그의 부함을 자랑하지 말라 [24] 자랑하는 자는 이것으로 자랑할지니 곧 명철하

여 나를 아는 것과 나 여호와는 사랑과 정의와 공의를 땅에 행하는 자인 줄 깨닫는 것이라 나는 이 일을 기뻐하노라 여호와의 말씀이니라 (렘 9:23-24)

넷째, 성경적 자존감은 죄에 대해서 죽은 자요, 그리스도 안에서 산 자로 여기는 것이다.

예수님이 우리를 모든 죄에서 구원하시고 죽은 자 가운데서 다시 살아나신 것을 믿고, 그리스도 안에서 변화 받고 사는 사람이다.

이와 같이 너희도 너희 자신을 죄에 대하여는 죽은 자요 그리스도 예수 안에서 하나님께 대하여는 살아 있는 자로 여길지어다 (롬 6:11)

다섯째, 성경적 자존감은 그리스도 안에서 새사람이 된 것을 믿는 것이다.

그런즉 누구든지 그리스도 안에 있으면 새로운 피조물이라 이전 것은 지나갔으니 보라 새 것이 되었도다 (고후 5:17)
오직 너희의 심령이 새롭게 되어 하나님을 따라 의와 진리의 거룩함으로 지으심을 받은 새 사람을 입으라 (엡 4:23-24)
새 사람을 입었으니 이는 자기를 창조하신 이의 형상을 따라 지식에까지 새롭게 하심을 입은 자니라 (골 3:10)

그리스도인이 된다는 것은 예수 그리스도와 연합함으로써 완전히 새로운 사람이 되는 것을 의미한다. 새사람은 새로운 법과 새로운 마음으로 살아야 한다. 전에는 죄의 법을 따르는 불의의 병기였으나 예수님으로 인해 새사람이 되면 의의 병기로 쓰임 받는 인생이 된다.

여섯째, 성경적 자존감은 언제나 하나님이 나와 함께하심을 아는 것이다.

> 내가 주의 영을 떠나 어디로 가며 주의 앞에서 어디로 피하리이까 내가 하늘에 올라갈지라도 거기 계시며 스올에 내 자리를 펼지라도 거기 계시니이다 내가 새벽 날개를 치며 바다 끝에 가서 거주할지라도 거기서도 주의 손이 나를 인도하시며 주의 오른손이 나를 붙드시리이다 (시 139:7-10)

최근에 아주 어려운 일을 겪었는데 그때 앉을 수도, 설 수도 없을 만큼 숨이 막힌 적이 있었다. 너무 기가 막혀서 울음도 안 나왔다. 남편도 옆에 없었고, 혼자서 그 위기의 순간을 대처할 능력도 없었다. 나는 그동안 겪어 낸 수많은 위기를 기억하며, 이건 여호와 하나님께 속한 일임을 가장 먼저 믿기로 했다. 위기는 이렇게 오직 여호와 하나님만 믿고 의지해야 통과할 수 있는 암흑과 같은 터널이다. 어떤 위기의 순간에도 하나님이 나와 함께하심을 믿는 사람은 성경적 자존감이 회복된 사람이다. 성경적 자존감의 회복은 바로 언제 어디서나 하나님이 나와 함께 계심을 믿을 때 이뤄진다.

일곱째, 성경적 자존감은 하나님을 기쁘게 해드리는 삶의 목표를 회복하는 것이다.

> 그런즉 너희가 먹든지 마시든지 무엇을 하든지 다 하나님의 영광을 위하여 하라 (고전 10:31)

우리가 왜 태어났고, 어떻게 살고, 무엇을 위해 살아야 하는지를 스스로 발견할 수는 없다. 그 이유는 우리가 인생을 창조한 것이 아니기 때문이다. 우리 인생의 목적과 목표는 창조자 하나님이 가장 정확하게 아신다. 성경은 우리가 하나님의 영광을 위해서 태어났으며 예수 그리스도의 마음을 품고 살 때 하나님이 가장 기뻐하는 인생이 된다고 가르친다. 우리는 단지 이 땅에서 잠시 살다가 사라지는 존재가 아니다. 영원히 하나님과 함께 살도록 창조된 존재다.

예수 그리스도를 믿음으로 성경적 자존감이 회복된 사람은 자신의 존재 목적을 성경대로 알게 된다. 죄를 용서받고, 마음의 기쁨이 찾아오고, 하나님의 자녀로 살 수 있는 능력은 오직 예수 그리스도가 주시는 생명으로만 가능하다. 예수님의 마음을 알면 인생의 목적이 확실해진다.

성경적 자존감을 세우는 말씀과 7가지 지침

그리스도인 부모가 성경적 자존감을 세우기 위해 명심해야 할 말씀과 7가지 지침을 소개한다. 하나님의 형상대로 지음 받은 우리가 '성경적 자존감'을 회복할 수 있는 최고의 지름길은 말씀 회복이다. 여기에는 부모도 자녀도 차별이 없다. 자녀와 함께 말씀을 읽고 외우며 성령님의 도우심을 받아 하나님께 영광 돌리는 영화로운 존재로 회복하자.

지나치게 낮은 자존감을 가진 자녀의 성경적 자존감 회복을 돕기 위한 방법과 성경 말씀

1. 자신의 신체나 외모에 자신이 없는 자녀는 :

우리는 하나님의 형상대로 지음 받은 존재이며, 하나님의 자녀가 되는 권세를 받은 존재임을 가르친다. 먼저 부모가 자녀를 사랑하는 마음으로 바라보고, 말씀을 믿도록 도와야 한다.[1]

2. 과정보다 결과를 중요하게 여기고 작은 실수나 실패도 두려워하며, 자신을 무기력한 존재라고 느끼는 자녀는 :

그리스도인은 결과보다 과정을 중요하게 여겨야 함을 거듭 가르쳐야 한다. 우리 모두는 인생의 여정에서 최선을 다할 뿐 모든 결과는 하나님의 주권에 달렸음을 체험하도록 돕는다. 무기력감은 반복되는 실

1 하나님이 자기 형상 곧 하나님의 형상대로 사람을 창조하시되 남자와 여자를 창조하시고(창 1:27). 내가 여호와의 명령을 전하노라 여호와께서 내게 이르시되 너는 내 아들이라 오늘 내가 너를 낳았도다(시 2:7). 영접하는 자 곧 그 이름을 믿는 자들에게는 하나님의 자녀가 되는 권세를 주셨으니(요 1:12).

패와 열등감에서 비롯된다. 작은 성취를 이루도록 격려하고, 오직 하나님께 지혜를 구하면, 자신을 뛰어넘는 지혜를 하나님이 공급해 주심을 경험할 수 있다.[2]

3. 사소한 일도 스스로 하지 못하고 누군가의 도움을 필요로 하며 타인의 칭찬, 확신에 의존하려는 자녀는 :

마음밭을 말씀으로 기경하면, 내적 평안과 하나님이 주시는 새 마음의 크기가 자란다. 시시각각 변하는 사람을 기쁘게 하려는 인생이 아니라, 하나님이 기뻐하시는 인생을 살도록 돕는다.[3]

4. 한 번의 실패에도 주저앉아 버리고, 자신의 약점을 숨기고 남의 탓으로 돌리는 자녀는 :

하나님은 책임전가를 싫어하신다. 크고 작은 일의 과정과 결과에 대해 책임감을 갖는 연습이 필요하다. 모든 일에 기도와 간구로 하나님께 감사함으로 구할 때, 지혜도 주시고 돕는 손길도 주심을 체험하게 도와주자.[4]

---

2 하나님이 우리에게 주신 것은 두려워하는 마음이 아니요 오직 능력과 사랑과 절제하는 마음이니(딤후 1:7). 형제들아 너희는 선을 행하다가 낙심하지 말라(살후 3:13). 그들의 총명이 어두워지고 그들 가운데 있는 무지함과 그들의 마음이 굳어짐으로 말미암아 하나님의 생명에서 떠나 있도다(엡 4:18). 나 여호와가 말하노라 내 손이 이 모든 것을 지었으므로 그들이 생겼느니라 무릇 마음이 가난하고 심령에 통회하며 내 말을 듣고 떠는 자 그 사람은 내가 돌보려니와(사 66:2). 그 중에 이 세상의 신이 믿지 아니하는 자들의 마음을 혼미하게 하여 그리스도의 영광의 복음의 광채가 비치지 못하게 함이니 그리스도는 하나님의 형상이니라(고후 4:4).

3 너는 청년의 때에 너의 창조주를 기억하라(전 12:1). 너희 중에 누구든지 지혜가 부족하거든 모든 사람에게 후히 주시고 꾸짖지 아니하시는 하나님께 구하라 그리하면 주시리라(약 1:5).

4 게으른 자는 마음으로 원하여도 얻지 못하나 부지런한 자의 마음은 풍족함을 얻느니라(잠 13:4). 또 아들들에게 권하는 것같이 너희에게 권면하신 말씀도 잊었도다 일렀으되 내 아들아 주의 징계하심을 경히 여기지 말며 그에게 꾸지람을 받을 때에 낙심하지 말라(히 12:5).

5. 새로운 일을 시작하기도 전에 두려워하고 주변의 시선을 먼저 의식하는 자녀는 :

그리스도인 엄마는 낙심한 자녀를 위해 밥을 해주고, 기도를 해주고, 기다려 주고, 격려해 주어야 할 책임이 있다. 기도하면서, 기다리면서 자녀가 작은 결실들을 체험하도록 도와주면 인생의 크기가 커진다.[5]

6. 남의 판단이 매우 중요해서 항상 남을 의식하고 남이 하는 대로 따라 하려고만 하는 자녀는 :

남에게 인정받고자 하는 마음은 어느 정도 필요하지만 정도가 지나치면 점점 타인의 눈치를 보게 된다. 이것이 습관이 되면 자존감이 훼손되고 병들어 간다. 부모가 먼저 다른 사람을 비난하고 비판하는 일을 멈추고, 타인에 대해 칭찬하고 중보기도를 시작하면 건강한 관계가 형성된다. 혹시 내 자녀를 나쁘게 말하는 사람이 있더라도, 그를 다시 공격하고 비난하면 아이가 부질없는 일에 민감한 자녀로 자라기 쉽다. 아이들의 언어는 대부분 엄마나 아빠가 자주 쓰는 단어, 뉘앙스, 표현을 닮는 법이다.

다른 사람을 깎아내리면 내가 높아질 것 같지만, 타인에 대한 비판은 적어도 세 사람의 피해자를 만든다. 남을 비판하는 본인, 그 이야기를 듣는 청자, 비판당하는 그 사람이다. 내 자녀를 피해자로 만들고 싶

5 내 영혼아 네가 어찌하여 낙심하며 어찌하여 내 속에서 불안해 하는가 너는 하나님께 소망을 두라 나는 그가 나타나 도우심으로 말미암아 내 하나님을 여전히 찬송하리로다(시 42:11). 너희가 온 마음으로 나를 구하면 나를 찾을 것이요 나를 만나리라(렘 29:13). 평안을 너희에게 끼치노니 곧 나의 평안을 너희에게 주노라 내가 너희에게 주는 것은 세상이 주는 것과 같지 아니하니라 너희는 마음에 근심하지도 말고 두려워하지도 말라(요 14:27). 또한 너는 청년의 정욕을 피하고 주를 깨끗한 마음으로 부르는 자들과 함께 의와 믿음과 사랑과 화평을 따르라(딤후 2:22).

지 않거든 부모가 먼저 판단과 비판을 하지 말아야 한다.[6]

7. 실수에 민감하고 비협조적이며 쉽게 짜증을 내고 매사에 부정적인 자녀는 :

두려움, 분노, 불안감은 반드시 해소해야 할 마음의 무거운 짐이다. 마음속에 자라지 못하고 숨어 있는 어린아이가 자라도록 도와야 한다. 심리적 나이, 정서적 나이를 고려해야 시행착오를 줄일 수 있다.[7]

높은 자존감을 가진 자녀가 자기 사랑과 교만에 빠지지 않도록 돕는 말씀

성경적 자존감은 너무 높거나 너무 낮은 자존감을 모두 경계한다. 마치 혈압이 정상 범위 안에 있어야 건강을 유지할 수 있듯이, 자존감도 너무 낮거나 높은 것 모두 영적인 건강에는 위험하기 때문이다. 그리스도인 부모는 모든 일에 질서대로 적절하게, 좌로나 우로나 치우치지 않도록 돌보며 말씀으로 인도해야 한다.

---

6 너희에게나 다른 사람에게나 판단 받는 것이 내게는 매우 작은 일이라 나도 나를 판단하지 아니하노니(고전 4:3). 자기의 이웃을 은근히 헐뜯는 자를 내가 멸할 것이요 눈이 높고 마음이 교만한 자를 내가 용납하지 아니하리로다(시 101:5). 입법자와 재판관은 오직 한 분이시니 능히 구원하기도 하시며 멸하기도 하시느니라 너는 누구이기에 이웃을 판단하느냐(약 4:12).

7 또 여호와를 기뻐하라 그가 네 마음의 소원을 네게 이루어 주시리로다(시 37:4). 백성들아 시시로 그를 의지하고 그의 앞에 마음을 토하라 하나님은 우리의 피난처시로다(시 62:8). 사람이 미련하므로 자기 길을 굽게 하고 마음으로 여호와를 원망하느니라(잠 19:3). 나는 마음이 온유하고 겸손하니 나의 멍에를 메고 내게 배우라 그리하면 너희 마음이 쉼을 얻으리니(마 11:29).

1. 자신과 신체에 대한 만족도가 높은 자녀는 :

분명히 감사한 일이지만 만족도가 지나치게 높으면 외모지상주의에 쉽게 물든다. 외모에 대한 지나친 자부심이 오히려 자녀 인생의 걸림돌이 된다. 외모가 워낙 출중하고 준수했던 사울 왕이나 다윗의 아들 압살롬은 인간의 연약함을 보여 주는 성경 속의 좋은 예다.[8]

2. 학업과 일에 대한 성취도와 만족감이 높은 자녀는 :

감사한 일임에 틀림없지만 자기만족도가 높은 것 때문에 오히려 주님 앞으로 나올 수 있는 기회를 상실한 사람들이 세상에는 너무 많다. 자기가 훌륭하고 자신의 생각이 옳다는 확신도 좋지만, 듣지 못하고 교만해질 함정이 있음을 잊지 말아야 한다.[9]

3. 대부분의 일을 스스로 해결하려고 하는 자녀는 :

이것은 높은 자존감을 가진 사람의 최대 장점이지만, 하나님을 믿는 데는 걸림돌이 되기도 한다. 이와 같은 성향이 굳어 버리면 정말 주님께 도움을 청해야 하는 일에도 기도하지 못할 수 있다. 실제로 자수성가한 사람들이나 홀로 인생을 개척해 온 사람들은 이 세상에 믿을 사람은 오직 본인 한 사람이라고 말하는 것을 볼 수 있다.[10]

---

8 겸손한 자는 먹고 배부를 것이며 여호와를 찾는 자는 그를 찬송할 것이라 너희 마음은 영원히 살지어다(시 22:26). 네가 이 세대에서 부한 자들을 명하여 마음을 높이지 말고 정함이 없는 재물에 소망을 두지 말고 오직 우리에게 모든 것을 후히 주사 누리게 하시는 하나님께 두며(딤전 6:17). 교만은 패망의 선봉이요 거만한 마음은 넘어짐의 앞잡이니라(잠 16:18). 또 마음을 다하고 지혜를 다하고 힘을 다하여 하나님을 사랑하는 것과 또 이웃을 자기 자신과 같이 사랑하는 것이 전체로 드리는 모든 번제물과 기타 제물보다 나으니이다(막 12:33).

9 너는 마음을 다하여 여호와를 신뢰하고 네 명철을 의지하지 말라(잠 3:5). 사람의 행위가 자기 보기에는 모두 정직하여도 여호와는 마음을 감찰하시느니라(잠 21:2).

10 주께 힘을 얻고 그 마음에 시온의 대로가 있는 자는 복이 있나이다(시 84:5). 우리에게 우리 날 계수함을 가르치사 지혜로운 마음을 얻게 하소서(시 90:12). 자기의 마음을 믿는 자는 미련한 자요 지혜롭게 행하는 자는 구원을 얻을 자니라(잠 28:26).

4. 누가 말하지 않아도 지금 하고 있는 일에 대한 책임감이 강하고,
실패로 인한 좌절감을 견뎌 내는 힘이 강한 자녀는 :

하나님은 책임감이 강하고 성실한 사람을 찾으신다.[11] 사실 인생의 성패는 역경을 이겨 내는 회복 탄력성에 달려 있다고 해도 과언이 아니다. 성경에서 하나님이 쓰신 인물들은 모두 실패와 좌절과 낙심을 오직 주만 바라보며 이겨 낸 사람들이다. 좌절과 실수, 실패에 대한 실망감과 위축된 마음을 이겨 내는 연습이 매우 중요하다.[12]

5. 새로운 일에 열정을 갖고 도전하는 자녀는 :

이 시대는 꿈이 없는 자녀들 때문에 부모가 속앓이를 하는 시대다. 그러나 하나님이 허락하신 꿈과 비전을 망상이나 허황된 꿈과 구별하는 분별력이 필요하다.[13]

6. 조언을 구한 후 최종 결정은 본인이 하고,
자신의 판단을 중요하게 여기는 자녀는 :

우리 집에서도 늘 가르치는 부분이다. 그러나 우리 가정의 최종 결정권자는 언제나 하나님이시다. 아빠도 엄마도 아들도 모두 상의하고 기도하고 본인이 결정하지만, 언제나 하나님께 허락을 받는 것을 원칙

11 내 마음을 주의 증거들에게 향하게 하시고 탐욕으로 향하지 말게 하소서(시 119:36). 하나님이 모든 것을 지으시되 때를 따라 아름답게 하셨고 또 사람들에게는 영원을 사모하는 마음을 주셨느니라 그러나 하나님이 하시는 일의 시종을 사람으로 측량할 수 없게 하셨도다(전 3:11).

12 마음의 즐거움은 얼굴을 빛나게 하여도 마음의 근심은 심령을 상하게 하느니라(잠 15:13). 자기의 마음을 제어하지 아니하는 자는 성읍이 무너지고 성벽이 없는 것과 같으니라(잠 25:28).

13 내 아들아 나의 법을 잊어버리지 말고 네 마음으로 나의 명령을 지키라(잠 3:1). 사람이 마음으로 자기의 길을 계획할지라도 그의 걸음을 인도하시는 이는 여호와시니라(잠 16:9). 무슨 일을 하든지 마음을 다하여 주께 하듯 하고 사람에게 하듯 하지 말라(골 3:23).

으로 하고 있다.[14]

7. 실수를 해도 웃을 수 있는 유머감각이 있는 자녀는 :

부모부터 유머감각을 키우고, 예수님 안에서 유쾌하게 살기로 작정하고 지키도록 노력해야 아이들도 마음 놓고 웃을 수 있다. 우리 집에서는 실수를 얼마든지 용납한다. 사람은 누구나 자기 집에서 실컷 실수해 봐야 밖에 나가서도 자유롭다. 교회에서도 서로가 서로에게 실수를 용납해 주고 웃어 주고 마음 편하게 다독여 주자. 천국을 살아가는 연습이 될 것이다. 가정과 교회는 사랑으로 허다한 죄를 덮어 주는 곳이지, 시시비비를 가리며 누가 잘했고 잘못했는지를 따지는 곳이 아니다. 따지기 시작하면 마귀의 놀이터가 된다.[15]

지금 당장 실천할 수 있는 자녀를 위한 기도

첫째, 젖 먹일 때마다 기도하라.[16]

---

14 여호와여 내 마음이 교만하지 아니하고 내 눈이 오만하지 아니하오며 내가 큰 일과 감당하지 못할 놀라운 일을 하려고 힘쓰지 아니하나이다(시 131:1). 사람이 교만하면 낮아지게 되겠고 마음이 겸손하면 영예를 얻으리라(잠 29:23). 아무 일에든지 다툼이나 허영으로 하지 말고 오직 겸손한 마음으로 각각 자기보다 남을 낫게 여기고(빌 2:3). 누구든지 스스로 경건하다 생각하며 자기 혀를 재갈 물리지 아니하고 자기 마음을 속이면 이 사람의 경건은 헛것이라(약 1:26).

15 마음의 고통은 자기가 알고 마음의 즐거움은 타인이 참여하지 못하느니라(잠 14:10). 웃을 때에도 마음에 슬픔이 있고 즐거움의 끝에도 근심이 있느니라"(잠 14:13). 그리스도의 평강이 너희 마음을 주장하게 하라 너희는 평강을 위하여 한 몸으로 부르심을 받았나니 너희는 또한 감사하는 자가 되라 그리스도의 말씀이 너희 속에 풍성히 거하여 모든 지혜로 피차 가르치며 권면하고 시와 찬송과 신령한 노래를 부르며 감사하는 마음으로 하나님을 찬양하고(골 3:15-16).

16 쉬지 말고 기도하라(살전 5:17). 예수는 지혜와 키가 자라 가며 하나님과 사람에게 더욱 사랑스러워 가시더라(눅 2:52).

젖 먹일 때, 이유식 먹일 때, 세끼 식사 준비하고 먹일 때, 깨울 때, 재울 때, 아플 때, 유치원 보낼 때, 학교 보낼 때, 여러 가지 시험 볼 때, 문제가 생겼을 때, 군대 갈 때, 직장 갈 때, 결혼할 때, 자녀가 기쁨을 줄 때 등 쉬지 말고 기도하라. 때마다 일마다 주님이 인도하신다.

둘째, 비교하지 말고 기도하라[17]

성경적 자존감을 회복한 부모는 욕심 부리지 않고 비교하지 않는다. 이 세상 누구와도 비교하지 말고 기도하라. 비교는 어떤 것도 변화시키지 못한다. 탐심과 시기와 질투심만 유발할 뿐이다. 그런데 유익한 비교가 한 가지 있다. 어제 미성숙했던 모습과 오늘 성장한 모습을 비교하는 것이다. 거기서 주님의 손길을 발견하게 될 것이다.

셋째, 말씀을 암송하고 기도하라.[18]

텔레비전과 인터넷을 끄고, 스마트폰을 치우고, 성경 말씀을 날마다 암송하라. 한 달에 한 말씀도 좋고, 일주일에 한 말씀도 좋고, 날마다 새로운 말씀도 좋다. 개인의 암기 능력에 따라서, 자녀들의 나이에 따라서 살아 계신 하나님의 말씀을 암송하고 뜻을 설명하고, 그 말씀 그대로 살아 보려고 노력하고, 외운 말씀이 나와 내 자녀의 삶 가운데 그대로 성취되도록 함께 기도하라. 학원 10개 다니는 것보다, 땅 한 평 물

---

17 네 이웃의 집을 탐내지 말라 네 이웃의 아내나 그의 남종이나 그의 여종이나 그의 소나 그의 나귀나 무릇 네 이웃의 소유를 탐내지 말라(출 20:17).

18 오늘 내가 네게 명하는 이 말씀을 너는 마음에 새기고 네 자녀에게 부지런히 가르치며 집에 앉았을 때에든지 길을 갈 때에든지 누워 있을 때에든지 일어날 때에든지 이 말씀을 강론할 것이며(신 6:6-7)

려주는 것보다, 멀리 유학 보내는 것보다 훨씬 값진 유산을 남겨 주는 것임을 잊지 말자. 말씀을 알아야 순종할 수 있다. 말씀 암송만이 순종의 삶을 살게 해준다.

넷째. 조급해하지 말고 밥해 주고, 기도하고, 기다리자.[19]

조급증은 마귀가 뿌린 가라지다. 가라지에 속지 말고 기다리자. 중요한 일일수록 시간이 많이 걸린다. 힘들어도 밥해 주고, 화가 나도 밥해 주자. 기도하고 기다려 주자. 내 자녀가 아무리 밉고 속을 썩여도 밥해 주고 안아 주자. 공연히 속 썩이는 자녀 때문에 서로 비난하면서 부부싸움 하지 말고 기도하면서 위로하자.

이때 마음의 감옥문이 열려 아이들이 바깥 공기로 숨을 쉬게 된다. 바울과 실라가 한밤중에 감옥에서 찬양하고 기도했듯이, 찬송과 기도와 정성스런 식사 준비로 감옥에 갇힌 식구를 빼내어 오자. 오직 믿음으로 기다리며 기도한 사람들만이 성경적 성공의 주인공이 될 수 있다.

그러므로 그리스도인 부모들이여, 포기하지 말자. 밥 짓는 일도 포기하지 말고 말씀에 따라 자녀를 훈계하는 일도 중단하지 말고 주님이 맡기신 사명도 힘들다고 숨어 버리지 말고 끝까지 완주해 보자. 그 대열에서 이탈하지만 않으면 열매는 성령님께서 책임져 주실 것이다.

부모가 달려가야 자녀들이 걷기 시작한다(빌 3:14). 부모가 멈추면 자녀들은 눕기 시작한다. 부모가 마음판에 새긴 그리스도의 편지가 되어

---

19 너는 하나님 앞에서 함부로 입을 열지 말며 급한 마음으로 말을 내지 말라 하나님은 하늘에 계시고 너는 땅에 있음이니라 그런즉 마땅히 말을 적게 할 것이라(전 5:2). 급한 마음으로 노를 발하지 말라 노는 우매한 자들의 품에 머무름이니라(전 7:9)

야 자녀가 성경적 자존감을 회복하고 부모를 따라 그리스도의 선한 향기가 될 수 있다. 오늘날 그리스도인 부모와 자녀는 마지막 구원의 문이 닫히기 전까지 부지런히 달려가야 하는 역사의 마지막 주자들이다.

특별히 대한민국의 그리스도인 부모는, 지구상에 남은 마지막 분단국가로서 통일한국까지 대비하며 자녀 세대를 믿음으로 세워야 한다. 우리 함께 포기하지 말고 밥해 주고, 기도해 주고, 사랑해 주자. 예수 그리스도를 푯대로 삼고 끝까지 완주하자.

다섯째, 부모가 먼저 말씀에 순종하며 기도하자.[20]

부모는 말씀 순종을 몸으로 보여 주는 하나님의 훈련 조교다. 눈에 보이는 엄마 아빠가 그리스도를 경외하면서 피차 복종하고, 하나님이 주시는 권위에 복종하고, 목사님과 선생님에게 복종하는 모습을 보고 자라야, 자녀는 안 보이는 하나님께 순종할 수 있는 체질로 자란다. 성경적 자존감을 회복한 부부는 서로를 섬기게 된다.

능력은 전지전능한 하나님께 있으므로 우리는 단지 순종하기만 하면 된다. 성경공부나 신앙 서적을 아무리 많이 읽고, 봉사를 아무리 많이 해도 순종함이 없으면 소용이 없다. 순종하지 않는 사람은 주님이 모르신다고 했다.

지금 이 순간부터 남편은 아내를 섬기고, 아내는 남편을 섬기고, 부모는 자녀를 섬기고, 자녀는 부모를 섬기는 연습을 해보자.

---

20 그리스도를 경외함으로 피차 복종하라(엡 5:21). 나더러 주여 주여 하는 자마다 다 천국에 들어갈 것이 아니요 다만 하늘에 계신 내 아버지의 뜻대로 행하는 자라야 들어가리라(마 7:21).

여섯째, 가족 모두 회개하며 행동을 고치고, 자녀에게 기도하는 것을 가르치자.

자녀들이 거짓말할 때, 싸울 때, 게으를 때, 불순종할 때, 악한 말을 할 때, 원망할 때 잔소리하는 것은 아무 소용이 없다. 성경 말씀을 통해 죄를 확인하고, 그 죄를 끊기 위해 피 흘리기까지 싸워야 승리한다. 아이든 부모든 각자가 가진 연약한 부분이 다르다. 또한 가정마다 취약한 죄들이 있다. 주님께 우리 죄와 연약함을 고백하고 행동을 고치지 않는 것이 진정한 실패자다. 귀를 열면 들린다. 말씀은 우리의 성경적 자존감을 회복시키는 능력이다.

일곱째, 가정예배를 통해 서로 중보기도자가 되자.

가정예배를 통한 말씀 순종과 중보기도는 책 한 권을 써도 부족할 만큼 성경적 성공이 무르익는 축복의 통로였다. 오늘 시작한다면 당장에 그 은혜를 체험하게 될 것이다. 세대차가 없어지고, 부모와 자녀의 담이 허물어지고, 부부간에 분쟁이 사라지는 십자가 사건의 기적을 체험하게 될 것이다.

가정예배는 두 사람 이상이 하나님께 나아감으로 성경적 마음을 회복하는 최고의 시간이다. 성경은 두 사람이 땅에서 합심하여 무엇이든지 구하면, 하늘에 계신 아버지께서 그들을 위하여 이루게 하신다고 했다(마 18:19).

신혼부부일 때부터 시작할 수 있는 일이 바로 가정예배이며, 남편이나 아내가 출장 중에도 어린 자녀와 함께 두 사람이 시작할 수 있는 게 가정예배다. 식구 중에 두 사람만 모이면 시작해 보자. 자녀가 입대하거나, 학업을 위해 외국에 나가거나, 직장 때문에 집을 떠나고, 결혼해서 부모를 떠나게 되어도, 부부가 천국에 갈 때까지 날마다 할 수 있는 일이 두 사람이 합심해서 기도하는 가정예배다. 성경적 성공은 바로 하나님 앞에 예배자로 서는 것이다.

가정예배는 특히 사춘기 자녀와의 막힌 담을 허무는 가장 강력한 사랑의 도구다. 대부분의 사춘기 자녀들이 힘든 이유는 그들이 말문부터 닫기 때문이다. 함께 찬송 부르고, 함께 성경을 소리 내서 읽고, 기도 제목을 나누다 보면 말문과 마음문과 축복의 문까지 열린다. 성령께서 말문부터 열어 주신다.

다음은 지금부터 당장 실천해야 할 목록을 적어 보는 기도표다. 실현 가능한 작은 일들을 성령께서 생각나게 해주시길 간구하면서 기록해 보자. 그리고 실천해 보자.

• 그리스도인 가정의 성경적 자존감 세우기 기도표 •

그리스도인 어머니 __________ 그리스도인 아버지 __________

하나님의 자녀 __________ __________ __________

1.

2.

3.

4.

5.

네 마음을 다하고 목숨을 다하고 뜻을 다하고 힘을 다하여 주 너의 하나님을 사랑하라 하신 것이요 둘째는 이것이니 네 이웃을 네 자신과 같이 사랑하라 하신 것이라 이보다 더 큰 계명이 없느니라

(막 12:30-31)

다음은 에릭슨의 한평생 발달이론에 따라서 내가 실천해 온 구체적인 성경적 자녀양육의 방법들과 건강한 자존감 회복의 방법을 접목한 마음 양육법이다. 자녀의 실제 나이에 따라 시작해도 좋고, 현재의 나이를 영적으로 한 살로 여기고 시작해도 좋다.

나는 믿음이 흔들릴 때나 자녀와의 관계에 문제가 생기면, 연령대별 성경적 자존감 회복에 관해 기초부터 다시 점검하곤 한다. 건물을 아무리 잘 지어도 시간이 흐르면 노후되고 보수할 부분이 지속적으로 생기는 것처럼, 아무리 지난 시절 믿음이 좋은 가문에서 성장해 왔고, 자존감 형성이 잘 이루어졌어도, 반드시 연령대별로 틈틈이 안전진단해서 문제를 발견하여 고침 받는 것이 유익하다.

각 나이에 형성되는 자아에는 밝은 자아와 어두운 자아가 있는데, 부모가 먼저 적용한 후 자녀에게 가르치길 바란다.

믿음의 여정을 끝까지 열정적으로 달려가기 위해서는 자기점검이 필요하다. 겉보기엔 멀쩡해 보여도 마음속이 전쟁터일 때가 얼마나 많은지 모른다. 악한 영이 집중 공격하는 부분이 바로 우리 마음이기 때문이다. 잠언에서는 이를 알고 마음을 지키라고 권면한다(잠 4:23). 그러나 악한 영은 우리 마음이 온전하고 평안하게 하나님의 형상대로 회복되는 것을 방해한다. 그래서 거짓의 아비는 하나님의 말씀으로 생명을 공급받지 못하도록 우리 마음속을 다른 생각들로 가득 채우길 갈망한다(요 8:44). 하나님께서 우리에게 "너는 이 세상에서 가장 존귀한 사람이란다. 내가 너를 지명해서 불렀고, 내가 너를 구원하고 속량했으며 너를 사랑한다"(사 43:1)고 말씀하시는 소리를 듣지 못하도록 악한 영은 지금까지 방해해 왔다. 그리스도인 부모는 악한 영의 방해를 물리치고 하나님의 소리를 자녀에게 들려줘야 하는 사명자들이다.

0~1세, 영유아기(부모는 청년 후기)

밝은 자아	어두운 자아
기본적 신뢰감 - 희망	불신감 - 두려움, 과식, 폭식

- 하나님에 대한 신뢰감 갖기
- '이 세상은 믿을 만한 곳인가?' 체험하기
- 엄마와의 신뢰와 애착을 통해서 긍정적 자아, 건강한 자존감의 기초가 시작된다. 아기는 엄마가 이 세상의 전부인 시기다.
- 양육 방법: 젖 먹일 때마다 아기와 눈 맞추고 짧게 기도하기, 아기의 필요를 채워 주기, 찬양을 반복해서 들려주고 불러 주기, 주일예배와 가정예배 드리기, 이 세상과 가정과 교회가 믿을 만한 곳이라는 체험을 많이 하도록 도와주기, 눈 맞추고 자주 웃어 주기, 아기의 눈을 보며 말 걸기.

엄마 아빠가 서로 친절하고 부드럽게 대화하는 소리를 듣는 것만으로도 아이들은 행복감과 안정감을 느낀다. 게다가 두뇌 발달도 안정적으로 일어난다.

2~3세, 걸음마기

밝은 자아	어두운 자아
자율성 - 의지적	의심, 수치 - 충동적, 분노, 신경질

- 하나님과 친밀해지기, 부모·조부모·교사와 친밀해지기
- '내가 혼자 할 수 있는 일은 무엇일까?' 체험하기
- 자율성을 배우면서 긍정적 자아, 건강한 성경적 자존감이 이미 형성되기 시작한다. 하나님이 이 세상을 창조하시고, 하늘과 달과 별을 만드시고, 사람도 만드신 성경 이야기를 자연스럽게 접하면서 하나님 안에서 일평생 살 수 있는 관계의 기초, 신앙의 기초가 형성된다.
- 양육 방법: 본격적인 기본 생활 습관과 예배 습관 훈련, 앉아 있는 훈련, 식사기도 훈련, 놀이와 찬양, 율동, 천자문, 주기도문, 사도신경 암송 시작, 신앙 훈련, 존댓말 훈련, 정리정돈 훈련, 헌금 훈련, 책읽기, 성경 읽기, 자율성과 독립심을 키우며 걸음마를 통해 운동신경 발달시키기.

말하기 듣기를 통한 언어의 확장이 폭발적으로 일어나는 시기이므

로 잠들기 전에 성경 동화 읽어 주고, 기도하고, 반복해서 찬양을 불러 주고, 최대한 아이와 눈을 맞추고 이야기를 하는 것이 꼭 필요하다.

3~6세, 학령 전기

밝은 자아	어두운 자아
주도성 - 목적	죄의식 - 억제, 탐욕

- 하나님의 사랑과 훈계 배우기, 가정과 교회, 유치원의 규칙 배우기
- '나는 어떤 능력을 가질 수 있는가?'가 주된 관심사다. 실수를 해도 다시 도전하고 혼자서도 잘 놀고 친구들과도 잘 노는 관계 훈련이 필요한 시기다. 자신과의 관계, 친구들과의 관계는 부모와의 안정적인 관계에 영향을 많이 받는다. 부모와의 관계가 건강하면 다른 관계에서 어려움이 생겨도 잘 극복하고 다음 단계로 성장할 수 있다.
- 양육 방법: 부모와 교사가 함께 가정과 교회에서 배운 성경 말씀대로 사는 훈련, 말씀 암송으로 생활 QT 시작, 헌금 훈련, 성경 말씀(신 6:6-9) 암송 시작 및 구체적인 순종 훈련, 친구들과 함께 지내는 관계 훈련, 혼자서도 잘 놀고 친구와도 잘 노는 훈련, 말하기·듣기·읽기 훈련 시작.

질문이 폭발하는 시기이므로 아이가 질문할 때 친절하고 알아듣기 쉽게 대답해 주고, 호기심을 보일 때마다 잘 배울 수 있도록 도와주고,

어려서부터 주일 성수 훈련을 시킨다.

6~12세, 학령기

밝은 자아	어두운 자아
근면성- 능력	열등감 - 질투

- 성경적 가치관 세우기
- '나는 과연 잘할 수 있을까? 인정받고 칭찬받을 수 있을까?'가 주된 관심사다. 특히 8세 이전에 자존감의 90퍼센트 정도가 형성되며, 초등학교 시절의 인정받고 칭찬받는 경험은 자신감과 연결된다. 온전한 자존감 형성을 위해 교사나 부모의 역할이 중요하다.
- 양육 방법: 쓰기 훈련 시작, 규칙적인 말씀 암송, 말씀 실천과 〈예수님이 좋아요〉 어린이 QT 훈련, 십일조·감사헌금·구제헌금 훈련, 진화론과 창조론에 대한 질문과 성경 말씀 적용, 가정·교회·학교생활 순종하며 적응하기, 스마트폰·인터넷 사용과 언어·생활 습관 훈련, 생각하는 훈련, 기도 훈련, 학습과 공부 습관 훈련, 성경 읽기와 암송.

선행 학습보다 복습을 시키고 아이의 흥미와 적성을 찾을 수 있는 여러 가지 놀이지도를 하는 것이 좋다. 특히 초등학교 시절은 여러 가지 운동, 악기, 미술, 음악과 같이 다방면에 걸쳐서 경험할 수 있도록 모든 문을 열어 놓는 것이 좋다.

12~18세, 청소년기(부모는 중년기)

밝은 자아	어두운 자아
자아 정체성 확립 - 충성심	역할 혼란 - 거부, 거만

- 그리스도인으로 정체성 갖기
- '나는 누구인가? 나는 무엇이 하고 싶은가? 나는 장차 어떤 사람이 되고 싶은가?'가 주된 관심사다.
- 양육 방법: 〈새벽나라〉 QT 훈련과 학업·진로·이성·친구 관계와 이기심·거짓·외모·연예인 등 사춘기의 고민에 관해 성경에서 해답을 찾고, 이 세상 문화 속에서 구체적으로 말씀대로 사는 훈련을 한다. 동성애·음주·흡연·언어와 신체폭력과 관련해 성경적 가치관을 세워 나가고 세상에서 정결하게 사는 영육 간의 순결 교육에 관심을 기울여야 할 시기다.

이 시기를 지나는 아이들을 크게 네 가지로 분류하면 다음과 같다.

1. 자아 정체성이 형성된 아이들

자아 정체성이 형성되면 건강한 자아를 찾고 그리스도인으로서 자신을 발견하게 된다. 신앙, 진로, 직업 등에 관심이 높아지고 인생의 목적을 발견하게 된다. 성경을 인생의 교과서로 삼으며 예수 그리스도를 영접하고 가치관과 세계관을 성경 안에서 찾고자 한다. 특히 진화론과 창조론의 충돌에서 성경적 창조관을 선택하고, 삶의 중요 가치를 예수 그리스도 안에서 찾고자 한다.

2. 자아 정체성이 유예된 아이들

모라토리엄 상태다. 마치 지불이 미뤄진 채무 상태처럼 자신의 정체성 결정을 모두 뒤로 미루고 보류한 아이들이다.

3. 자아 정체성이 조기 종결된 아이들

부모님의 기대를 무조건 흡수하기만 한 청소년들은 무기력, 우울감에 빠지기 쉽다. 이 시기에 문제가 드러나지 않다가 중년기까지 갈등하거나 정체감의 혼란을 겪을 수 있다.

4. 자아 정체성이 혼미한 아이들

자기 역할을 상실하고, 자신의 생각을 중단하며, 부모에게도 반감을 갖는 등 충동적이고 생각 없이 사는 것처럼 보이는 아이들이다. 주로 컴퓨터 게임에 중독되거나, 왕따 등 학교폭력에 연루되기 쉽다.

청소년 시기는 가정예배와 큐티로 학업, 진로, 이성 친구 등 사춘기의 고민에 관해 성경적 해답을 찾고, 말씀에 따라 살아가는 훈련이 꼭 필요하다. 이 시기에 '각각의 상황에서 어떤 태도를 취할 것인가?'를 하나님께 기도로 묻고 진지하게 생각할 수 있다면 정체성이 확립되고 마음이 자라고 생각과 행동에서 건전한 결정을 내릴 수 있게 된다.

그러나 현실은 이와는 너무 다른 방향으로 달려가고 있다. 연구에 의하면, 중·고등학교 시절에 결정되어야 할 자아 정체성이 입시 공부로 인해 미뤄졌다가 뒤늦게 대학 입학 후 자기 탐색을 시작하는 대학생이 많다고 한다. 전공과 직업, 심지어 결혼까지 모든 선택의 주도권을 부모에게 미루었다가 뒤늦게 새로운 진로를 모색하는 청년들도 많다. 우리 사회의 미래를 어둡게 하는 현상들이다.

18~25세, 청년 전기

밝은 자아	어두운 자아
친밀감 - 사랑	고립감 - 배타적, 성적인 문제

- '어떻게 살아갈 수 있을까? 어떤 직업을 갖고 살아갈 것인가? 어떻게 사랑할 수 있을까?'가 주된 관심사다.
- 양육 방법: QT 매일 하기, 성경 매일 읽기, 교회학교에서 어린 동생들 돌보는 봉사활동 하기 훈련.

우리 교회는 개척 초기에 성인 교사가 없어서 중·고등학생을 유초등부의 보조교사로 세웠다. 그 결과 학생들이 책임감 있는 청년으로 반듯하게 자랐다. 어린 동생을 돌보는 훈련이 마음 키우기와 인성 발달과 사회성 향상에 크게 도움이 된 것이다.

초등학교 시절의 개괄적인 진로 교육에 이은 본격적인 진로 교육이 필요한 시기다. 성경적 직업관, 성경적 결혼관, 성경적 경제관에 관해 보다 구체적으로 부모와 대화하는 것이 필요하다. 자녀 스스로 자신의 일에 대해 크고 작은 결정들을 내리도록 허용하는 것이 필요하다. 이 시기까지 과잉보호를 일삼을 경우 자녀는 무능감과 우울감을 갖거나 자신의 삶에 대해 습관적으로 모든 것을 부모의 책임으로 돌리게 된다.

25~35세, 청년 후기

밝은 자아	어두운 자아
친밀감	고립감

- 멘토와 그리스도인 부모 되기
- 배우자와 함께 큐티 및 가정예배를 시작하고 주교양 양육법(엡 6:4)으로 자녀를 양육하는 훈련을 하는 시기다.

부모와 자녀가 영적, 인격적, 전인적 성장을 하는 시기이며, 마음이 성장하면 자존감이 회복된다. 성경적 기준으로 자신과 자녀를 말씀 안에서 새롭게 세우도록 한다.

40~65세, 중년기(부모는 노년기 시작)

밝은 자아	어두운 자아
생산성 - 배려, 돌봄	정체 - 자기 탐닉, 무관심

- 그리스도인으로서 영향력 끼치기
- '가족, 교회, 사회에서 어떻게 베풀며 살아갈 것인가?'가 주된 관심사다.
- 점검 사항: 인생 노선을 성경적으로 재정비하기, 자녀의 연령대에

맞추어 주일 설교 말씀을 나누기, 헌금 · 십일조 훈련과 점검, 교회 봉사와 섬김 훈련, 전도, QT 본문을 자녀와 함께 읽기, 성경을 배우고 실천하기, 회개 · 기도 · 감사 · 순종 훈련, 일관성과 책임감 있는 삶으로 그리스도인의 역할 모델과 선한 영향력 끼치기.

과거에는 40대가 되면 자녀가 청소년기에 들어섰는데, 요즘은 결혼이 늦어져서 40대에 신혼을 보내는 가정도 많아졌다. 이스라엘 민족은 요즘도 25세 이전에 결혼할 것을 적극 장려한다. 정자와 난자가 젊어야 자녀도 건강하게 출산하고, 젊을 때 자녀양육을 완수하는 것이 하나님의 자녀로서 의무라고 생각하기 때문이다.

65세 이후, 노년기(손자의 다음 세대 시작)

밝은 자아	어두운 자아
자아통합 - 지혜	절망 - 우울증, 오만함

- 천국 소망으로 승리하기
- '자아가 통합되어 성경적 자존감이 온전히 회복되었는가, 삶의 지혜와 믿음의 성숙이 이루어졌는가'를 돌아보는 때다.
- 점검 사항: 웰에이징(well aging)과 웰다잉(well dying) 준비, 천국 소망으로 끝까지 승리하기, 가정과 교회에서 다음 세대에게 전 인격적으로 본이 되는 삶, 가정예배 · 교회 예배 · 신앙생활 전수, 성경적 인생관의 결실, 성령의 9가지 열매의 결실을 맺고 거두는 시기다.

'하나님이 주신 인생을 지금까지 잘 살아왔다'는 성경적 정체성과 '나는 지금 하나님의 자녀로서 소중한 존재임에 감사하다'는 성경적 자존감 회복이 믿음의 후대에게 영향을 끼칠 수 있는 시기다. 따라서 하나님의 은혜 안에서 생애 마지막까지 영·혼·몸의 균형과 건강 돌보기가 중요하다.

끝까지 믿음을 지키기 위해서는 노년기에 더욱 천국 소망을 두고, 예수님과 매 순간 동행하며 인생을 마무리하려는 노력이 필요하다. 100세 시대를 맞이한 오늘날은 노년기의 영적 성장과 육체적 건강, 정신적 건강, 성경적 정체성과 자존감 완성과 회복에 관해서 더 세심한 연구와 노력이 필요하다.

부모가 달려가야 자녀들이 걷기 시작한다

부모가 마음판에 새긴 그리스도의 편지가 되어야

자녀가 성경적 자존감을 회복하고

부모를 따라 그리스도의 선한 향기가 될 수 있다.

만남 10

자존감이 회복되면 공부도 꿀송이처럼 달다

성경적 자녀양육이란 부모의 욕심을 하나님께 졸라서 얻어 내는 것을 말하는 게 아니다. 유대인은 13세가 된 어린 자녀에게 성년식을 치러 주면서 자녀를 향한 부모의 탐심에 스스로 제동을 건다. 그리스도인들이 이 같은 점은 본받아야 한다.

예수 그리스도 안에서 구원받고, 성경적 정체성과 성경적 자존감이 십자가의 복음 안에 함께 있어야 가족이 서로 소통할 수 있고 회복된다. 죄로부터 구원받고 회복되어야 영원한 생명을 소유한 자로서 끝까지 믿음을 지킬 수 있다.

사실 일상생활에서 성경을 접목하는 일이 생각만큼 쉽지 않다. 성경대로 생각하고, 성경처럼 살려면 무엇보다 성경을 잘 알아야 하기 때문이다. 그러나 나처럼 믿음의 배경이 없던 엄마도 성경적 자녀양육을 배우고 실천했으니, 용기를 내서 시작해 보기 바란다. 제일 효과가 큰 방법은 아이가 이해할 수 있는 수준의 어린이 성경책으로 하나님의 말씀을 매일 읽고 일상생활에서 적용하는 것이다. 가정예배나 가정성경공부 또는 가정 큐티를 집에서 아이와 함께 날마다 일기를 쓰듯이, 세끼 식사를 하듯이 조금씩 꾸준히 시작하는 게 가장 효과가 좋다.

건강한 자존감은 3순위일 때 형성된다

자존감 형성의 시작점이 복잡다단한 우리의 마음속이라면, 자존감 형성에서 가장 중요한 장소는 가정이다. 영·유아기에는 엄마의 영향이 자존감 형성에 결정적이라고 알려져 있다. 건강한 자존감은 먼저 부모와 건강한 관계에서 시작된다.

여러분의 가정은 자녀 중심인가, 부부 중심인가, 아니면 예수님 중심인가? 가정의 중심이 누구여야 바람직할 것 같은가? 아이들이 "이 세상에서 제일 사랑하는 사람은 바로 너야"라는 말을 듣고 싶어 할 때, 여러분은 어떤 대답을 해줬는가?

결론부터 말하자면, 가정에서 자녀, 부부, 예수님 중 자녀는 마지막 3순위여야 자녀가 건강한 성경적 자존감을 세워 갈 수 있다.

나이가 많든 적든 모든 자녀는 자신이 부모에게 가장 중요한 사람이기를 원한다. 그리고 끊임없이 그 사실을 확인하고 싶어 한다. 어린아이들은 유난히 이 사실을 확인받고 싶어서 묻고 또 묻는다.

"형이 좋아요, 내가 좋아요?"

"동생이 좋아요, 내가 좋아요?"

"엄마는 이 세상에서 누가 제일 좋아요? 내가 좋아요, 아빠가 좋아요?"

우리 아들은 어렸을 때는 물론이고 성인이 되어서도 이것을 물었다. 어렸을 때만큼 진지하지는 않지만 그럼에도 자기가 가장 소중하고 중요하다는 사실을 확인받고 싶은 것 같다.

남편이나 나나 아들이 이런 질문을 하면 단 한 번도 "이 세상에서 제일 사랑하는 사람은 바로 너야"라고 대답해 준 적이 없다. 대신에 "승호야, 너에게는 엄마 아빠랑은 비교도 할 수 없이 널 사랑하는 예수님이 계시단다"라고 대답했다. 우리 부부는 사전에 약속한 적이 없건만 언제나 동일한 대답을 해줬다.

"우리 집은 말이야, 이 세상에서 제일 사랑하는 분이 예수님이야. 그리고 아빠는 엄마를 두 번째로 사랑하고, 엄마도 아빠를 두 번째로 사랑해. 우리 집에서 제일 작은 어린이인 너는 우리가 세 번째로 사랑하는 사람이야. 너는 3순위야."

우리 아들의 반응이 어땠을까? 엄마한테도 아빠한테도 1순위가 못 되어서 억울해했을까? 그렇지 않다. 아들도 엄마 아빠처럼 누구보다 예수님을 사랑해야 한다고 가르쳤기 때문에 오히려 부모보다 더 사랑하는 분이 있다는 사실에 안정감을 느꼈다. 게다가 할아버지, 할머니 댁에 가면 엄마, 아빠가 즉시 3순위로 밀려나고, 자신은 4순위가 되는 것을 당연하게 여겼다. 모든 일에 질서가 있으신 하나님의 공의를 삶에서 익히고 배우는 것이다.

그런데 이 단순해 보이는 우리 집 서열이 우리 부부가 30년째 부부 사랑과 예수님 사랑의 삼각관계를 유지해 온 비결이다. 1순위가 예수님이니 서로 집착하거나 간섭하는 일이 별로 없다. 그리고 늙어 갈수록 서로 존중하고 더욱더 친밀해지는 것 같다.

하나님이 디자인한 가정의 원리는 서로 존중하는 것이다. 사람은 존중받으면 사랑받는다고 느낀다. 부부 사랑, 자녀 사랑, 가족 사랑은 서로 존중하는 일인 것이다.

"결혼해서 아이를 낳아 키우며 안정된 가정을 만드는 일에서 탁월한 성과를 내려면, 에덴동산에서 첫 번째 결혼식이 있게 하신 분의 가르침을 따라야 한다."

빌리 그레이엄(Billy Graham) 목사님의 통찰력 있는 조언이다. 내 경험에 비춰 봐도 정말 맞는 말이다.

배우자는 서로에게 2순위, 자녀는 부모에게 3순위인 것은 주님이 주신 지혜다. 만일 이 순위가 달라졌다면 나의 이기심과 탐심이 한순간에 가정의 질서를 깨뜨리고 말았을 것이다. 그리스도인은 '하나님과의 관계, 예수님과의 관계'에 우선순위를 두지 않으면, 인생이 자꾸 뒤틀리게 된다.

하나님은 우리가 '하나님과의 관계, 다른 사람과의 관계, 나와 나 자신의 관계 설정'을 통해 십자가의 도를 이루는 삶을 살기 원하신다. 모든 관계에서 늘 허락하신 적정 거리를 유지하는 게 내적 평강의 지름길이며, 갈등이 생겼을 때 다시 원위치로 돌아올 수 있는 길이다. 물론

할아버지, 할머니, 일가친척, 친구들까지 동심원을 그리는 가운데 존경과 사랑을 연습하게 된다.

이 같은 우선순위가 흔들리면 가정이 흔들린다. 예수님을 1순위로 사랑하고자 집중할 때 가족 사랑도 더 깊어지고 복된 인생을 살게 되며 그리스도인 가정에 하나님 나라가 세워진다.

• 성경에서 배우고 실천한 우리 가족 사랑 순위표 •

순위	아빠	엄마	자녀
제1순위	예수님	예수님	예수님
제2순위	엄마	아빠	부모님
제3순위	자녀들	자녀들	형제, 자매

성경적 자존감 형성을 돕기 위한 '조해리의 창' 배우기

'조해리의 마음의 창'(Johari's window of mind)은 1955년 심리학자인 조셉 러프트(Joseph Luft)와 해리 잉햄(Harry Ingham)의 이름을 딴 것으로 인간관계를 이해하고, 나와 타인을 알아 가도록 돕는 검사도구다. 개인이 인간관계에서 나타내는 자기 공개와 피드백의 정도에 따라 마음의 창을 네 가지 유형으로 구분하고 있다.

• 조해리의 마음의 창(Johari's window of mind): 피드백을 얻는 정도 •

	내가 알고 있는 정보	내가 모르는 정보
타인이 아는 정보	공개 영역(나○, 타인○)	맹목의 영역(나×, 타인○)
타인이 모르는 정보	숨겨진 영역 (나○, 타인×)	미지의 영역(나×, 타인×)

마음이 건강한 사람일수록 인간관계에서 자기 공개, 자기 개방(self-disclosure)의 비율이 높다.

조해리의 창에서 마음이 가장 건강한 사람은 공개 영역이 큰 사람이다. 공개 영역이 크면 정체성도 확실하고 자존감도 건강하다. 인간관계 안에서 윈윈(win-win)을 누린다. 나도 알고 남도 아는 영역이 높을수록 가정이나 공동체 안에서 행복감을 주는 파급 효과가 커진다. 문제는 남은 다 아는 자신의 모습을 자기가 모르는 맹목형이다. 나는 알지만 타인은 모르는 은닉형은 속을 알 수 없는 부류다.

다음은 내가 자녀에게 적용해 본 나와 타인에게 공개된 정보의 영역으로 알아보는 분류표다.

• 내가 적용한 자기 자녀에 관해 피드백을 얻는 정도 •

	내가 알고 있는 정보	내가 모르는 정보	
	공개적 영역(나○, 타인○) **인정형·개방형 부모**	맹목의 영역(나×, 타인○) **자기 주장형 부모**	타인이 아는 정보
	숨겨진 영역 (나○, 타인×) **신중형 부모**	미지의 영역(나×, 타인×) **고립형 부모**	타인이 모르는 정보

관계의 축복을 누리는 지름길은 나와 하나님의 관계, 나와 나 자신의 관계, 나와 타인의 관계에서 소통이 원활하게 일어나는 것이다. 부모가 먼저 하나님과 관계의 축복을 누리며 기도할 때, 자녀 또한 마음의 건강을 누리며 하나님이 부어주시는 은혜와 축복을 누리게 된다.

먼저 조해리의 창을 통해 마음의 건강을 가늠하는 척도를 살펴보자. 타인이 알고 있는 내 자녀의 모습과 부모가 알고 있는 내 자녀의 모습이 일치하는 개방 영역의 비율이 커질 때 부모와 자녀의 관계뿐 아니라, 인격과 성품의 성장이 건강하고 적절하게 일어날 수 있다.

조해리의 창을 부모인 우리 자신에게 먼저 대입해 보면, 경우에 따라서 창문의 크기가 달라지는 것을 알 수 있다. 부모가 먼저 공개적 영역을 넓혀 가는 것이 부모와 자녀의 자존감을 건강하게 유지하고, 좋은 영향력을 끼치는 성숙한 삶이 된다. 정직함, 투명함, 단순함의 영성도 공개적 영역의 창이 넓어질수록 얻게 되는 축복이다. 부부관계, 부모와 자녀 관계, 친구 관계에서 투명성과 정직성이 증가하고, 하나님과의 관계에서도 투명성과 정직성이 증가할 때 능력 있는 순종의 믿음으로 변화된다. 아울러 성품의 아름다운 열매도 개인과 그 가문에 맺히기 쉽다. 하나님께서 약속하신 축복을 누리기가 훨씬 더 좋은 마음밭이 되는 것이다.

1. 내 자녀에 대해 나도 알고 남도 안다 : 인정형 · 개방형 부모

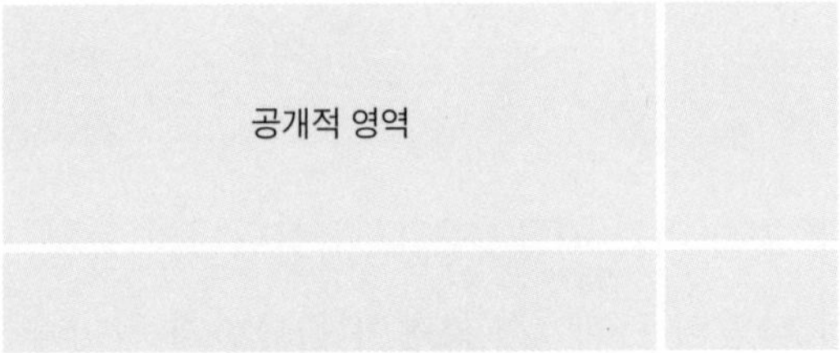

공개적 영역	

내가 알고 있는 자녀의 모습과 타인(선생님, 친구들, 주변의 이웃들)이 아는 자녀의 모습이 대략 일치하는 유형이다. 아이를 지도하는 선생님이나 교회학교 선생님이 보는 자녀와, 부모가 알고 있는 자녀의 모습이 많이 일치한다. 이런 부모는 대체로 인간관계가 원만하고 타인의 말을 인정하고 경청할 줄 안다. 자기표현도 적절하다. 오해가 있을 때 적절하게 설명하는 것이 가능하고, 타인에게 자녀의 문제에 대해 들었을 때 수정하고자 하는 열린 마음을 갖고 있다.

부모가 타인으로부터 자녀에 대한 칭찬과 인정만 듣기 원하면, 자녀가 자칫 주변의 눈치를 살피고 칭찬 중독증에 걸리기 쉽다. 하지만 부모가 자녀의 실수와 허물도 흔쾌히 인정하고 말씀과 기도로 고치려 하면, 자녀는 일평생 주님의 말씀을 따라 내면을 건강하고 온전하게 키워나가게 된다. 실패와 좌절에도 빨리 회복되는 탄력적인 사람으로 자라게 된다. 자존감이 건강한 부모와 자녀들이 이 범주에 속한다.

2. 내 자녀에 대해 남들은 아는데, 나만 모른다 : 자기 주장형 부모

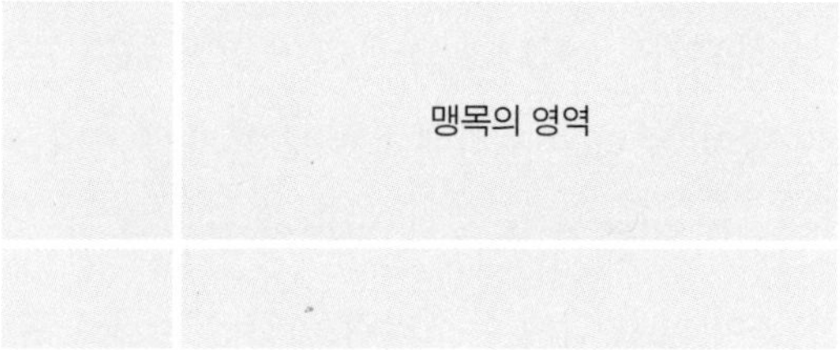

맹목의 영역

이런 유형의 부모와 자녀는 솔직하고 자신감 있으며 시원시원한 사람으로 보이지만, 문제가 생겼을 때 타인은 다 아는 자녀의 결점을 부모 자신만 모를 뿐 아니라 인정하지 않으려 한다. 타인에 대해 너무 무관심하거나 둔감해서 독단적이면서 독선적인 모습으로 자기주장을 하다 보면, 어린 자녀, 사춘기 자녀에게 일어나는 사소한 문제부터 큰 문제까지 고치고 변화할 수 있는 중요한 단서와 기회들을 자꾸 놓쳐 버린다. 특히 자녀를 키울 때 늘 만나게 되는 주변의 중요한 타인들(아이를 지도하는 다양한 선생님들, 친구 엄마들, 교회학교 선생님들, 주변의 어른과 친구들…)이 아이의 문제를 보고도, 막상 부모에게 말해 줄 수 없게 된다. 듣지 않는 부모에게는 아무도 말해 줄 수 없기 때문이다.

부모가 듣기 싫어하므로 자녀 역시 실수를 통해서 배우지 못하게 된다. 부모가 아이와 관련해 듣기 싫은 말도 들을 수 있는 귀가 열렸다면 간단히 해결됐을 아주 사소하고 작은 문제들이 아이에게 고착돼 버릴 수 있다. 또 그런 부모를 둔 자녀는 부모만 속이기 쉽다는 걸 알고 매사에 속이려 든다. 그래서 남들은 다 알고 부모만 모르는 내 자녀의 모습이 많을수록 나중에 치러야 할 대가가 클 수 있다.

가정에서 내가 못 가르치면 학교가 내 아이를 가르치고, 학교에서도 못 가르치면 이 사회가 내 자녀를 가르칠 수밖에 없다. 호미로 막을 것을 가래로 막지 말자. 주님은 우리에게 부모 혼자서 자녀를 키우라고 하지 않으셨다. 타인이 가르쳐 주는 내 자녀의 모습에 귀를 기울이자. 당장은 위에서 신물이 나고 입에 쓴소리라도 일단 듣기로 결단해 보자. 듣고 주님께 기도로 올려드리면, 부모도 고침 받고 자녀도 고침 받는다.

3. 내 자녀에 대해 나만 알고 남은 모른다 : 신중형 부모

숨겨진 영역

타인의 이야기는 경청하지만 자기 자신에 대해서는 속을 털어놓지 않는 유형이다. 자칫 근심 걱정이 많고 점점 자존감이 병들 수 있으며 불필요한 자존심과 열등감이 강화될 우려가 있다. 수용적이고 속이 깊고 신중하다는 장점이 있는 반면, 작은 문제나 상처조차 드러내지 않음으로써 오히려 상처를 더 크게 키울 위험이 있다. 고상한 품위를 유지하려는 부모에게서 자주 발견된다.

자녀에 대한 불필요한 염려와 근심, 걱정, 스트레스를 안전한 사람들에게 개방하고 함께 기도하며 그 개방의 폭을 점점 넓혀 가면, 부모 자신은 물론 아이도 건강한 자존감을 형성할 수 있다. 소그룹이나 기도모임, 성경공부 모임 등에서 자신을 표현하고 성령의 조명하심에 문제를 드러내는 연습을 하면 좋다. 굳이 들춰내지 말아야 할 문제도 있지만, 때로 입 밖으로 드러내 표현함으로써 가벼워질 수 있는 문제도 있다. 상의하면 간단히 해결될 문제도 감추고 숨기고 우물쭈물하다가 문제를 키우지 말자. 마귀는 혼자 고립된 영혼을 공격하고 싶어 한다.

4. 나도 모르고, 남도 모르는 모습이 너무 많다 : 고립형 부모

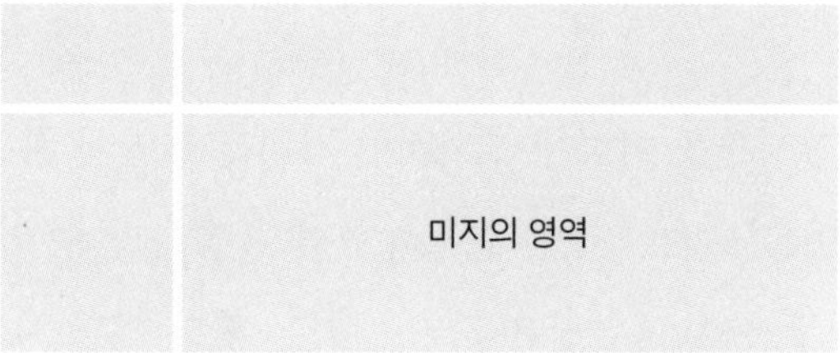

미지의 영역

다른 사람과 접촉하는 것을 불편해하거나 무관심해서 고립된 생활을 하는 유형이다. 때로 부모의 자존감이 병들고 심약해서 자녀의 자존감까지 병약한 경우도 있다. 폐쇄적이 될 수도 있지만, 고집이 세고 주관이 지나치게 강해서 혼자만의 세계에 고립될 우려가 있다. 개방하면 해결될 사소한 문제도 인정하지 않거나, 아예 문제로 여기지 않거나, 타인에게 도움을 청하지 못해서 대체로 고민이 많고, 부정적으로 사고하고, 모든 관계에서 소외되어 살아갈 수 있다.

소외감은 병든 자존감을 부추긴다. 고립의 영성 훈련이 필요한 특별한 기간이 아니라면 문제를 들고 나오자. 문제를 문제로 직면하고 주님 앞으로 나오는 게 문제를 해결하는 지름길이다. 부모와 자녀가 건강한 자존감을 갖기 위해서는 혼자서도 잘 지낼 수 있고, 관계 속에서도 함께 잘 지내는 인간 관계의 방법을 배워야 한다. 인간관계에 좀 더 적극적이고 긍정적인 태도가 필요하다는 것을 스스로 인정하는 것이 중요하다.

성경의 지혜로 공부법도 터득한다

자녀의 학교생활을 어떻게 도와줘야 자녀를 노엽게 하지 않을지, 어떻게 기도하며 인도해야 주의 교훈과 훈계로 양육할 수 있는지를 생각하며 지혜를 구하면, 하나님은 각 자녀의 상황과 성장 시기에 맞게 마땅히 행할 길과 갈 길을 인도해 주신다.

매년 입시제도가 바뀌고 정책이 바뀌어도 흔들리지 말고 기초학력을 쌓는 일에 힘써야 할 것이다. 아이들을 지도한 경험에 의하면, 국어를 못해서 수학까지 못하는 아이들이 꽤 많았다. 문제의 뜻을 잘 몰라서다. 영어도 일정 수준에 이르면 국어를 잘하는 아이가 훨씬 잘하게 된다. 다른 과목도 마찬가지다. 말하기, 읽기, 듣기, 쓰기는 모든 공부의 기초다. 기본기를 익히고 다지는 데 힘써야 하는 것이다.

공부하기 싫어하는 자녀라면

공부하기 싫어하는 자녀를 지도할 때 다음의 방법을 권하고 싶다. 내가 중학교 강사와 과외로 공부를 가르칠 때 어디서부터 손을 써야 할지 모르겠는 아이들을 대상으로 사용한 방법이다. 이 방법을 이용하여 성경공부를 시켜도 효과적이다.

1. 현재 상태를 있는 그대로 인정하자. '잘한다 못한다'는 비교급이다. 내 아이가 '이건 잘한다', '저건 못한다'가 아니라, '이것은 여기까지 알고, 저것은 아직 모르고 있다'로 관점을 바꿔야 한다. 나는 개인 과외 교사로 공부 잘하는 아이부터 전교에서 꼴찌하는 아이까지 다양한 아이들을 가르쳐 봤다. 그때 터득한 노하우다.

2. 부모가 먼저 자녀를 좋아하자. 공부를 못해도, 공부하기 싫어해도 존재 자체를 좋아해 주면 아이들은 마음을 연다. 부모와 자녀, 선생님과 학생은 서로 좋아할수록 학습 효과가 높아진다. 목사님과 성도 간의

관계도 좋아야 믿음이 자란다. 전도자와 전도 대상자도 마찬가지다. 관계가 좋아야 전도자가 전하는 예수님이 매력적으로 보인다. 내가 가르치는 아이를 진심으로 좋아하고 귀하게 여긴다는 걸 알면 아무리 공부하기 싫어하는 아이라도 그 시간에 공부해야 한다는 걸 인정한다. 그렇게 공부하다 보면 능률이 오르고 성적도 오르기 시작한다. 그래서 학습 효과를 높이려면 먼저 관계 형성을 잘해야 한다.

3. **아이의 현재 상태와 관심사를 먼저 탐색하자.** 좋아하면 잘하게 되고, 잘하면 좋아하게 마련이다. 아무리 공부하기 싫어하는 아이라도 잘하는 게 반드시 있다. 그 잘하는 것을 대화의 재료로 올리면 마음이 열리기 시작한다. 과외하러 온 아이들의 대부분은 부모가 하라니까 억지로 끌려와서 시간 때우기 식으로 앉아 있었다. 물론 자기가 원해서 과외하는 아이들이 훨씬 빨리 성적이 오르는 효과를 봤다. 하지만 그렇지 않더라도 1년쯤 지나면 효과가 나타나기 시작해서 2~3년 뒤에는 확실히 성적이 올랐다. 전교 꼴찌하던 학생도 한 단계씩 오르더니, 마침내 제법 괜찮은 대학에 입학했다.

4. **못하는 걸 지적하는 대신 잘하는 걸 찾아서 더 잘하도록 도와주자.** 학생이 못 따라와서 화가 날 때는 일단 마음을 가라앉히고 헬렌 켈러를 가르친 설리번 선생님을 떠올렸다. 그래도 내 학생은 말도 하고 눈도 보이고 들을 수도 있으니 얼마나 대단한가. 기대치를 확 낮추면 인내할 힘이 생긴다. 나는 그동안 공부를 등한히 해온 아이가 오면 그

학생의 학년을 잊어버렸다. '그나마 이것은 아는구나'로 기대치를 낮추면 지적하는 말이 아니라 칭찬하는 말을 하게 된다.

5. 다른 부모나 선생님의 평가에 일희일비하지 말자. 나는 당시 엄마들의 말을 한 귀로 듣고 한 귀로 흘렸다. 부모나 선생님의 평가는 선입관이 생기기 때문에 참고하지 않았다. "우리 애가 머리는 좋은데, 공부를 안 해요." 이런 얘기를 들으면 도대체 무슨 말인가 싶다. 나는 머리가 나빠서 공부를 못했기 때문이다. 나는 먼저 아이가 또래 수준의 개념을 이해하고 있는지부터 살펴봤다. 교과목에 대한 개념 이해는 물론이고 사용하는 언어습관은 어떤지, 어휘력의 수준은 어떤지를 예의 주시했다. 그리고 새로운 단원을 들어가기 전에 간단히 테스트했다. 이때 테스트는 평가가 아니라 무엇을 도와줘야 하는지를 살펴보기 위한 것이다. 나는 이렇듯 내가 맡은 아이 자체에 집중했다.

아들에게 적용한 국어 교육, 한자 교육, 영어 교육

나는 초등학교 때부터 아이가 해야 하는 여러 가지 공부와 학교 숙제, 시험에 관해 다음과 같은 관점으로 가르쳤다. 눈에 보이는 모든 학교 시험은 성경 말씀대로 온전히 기쁘게 여겨야 한다고 가르쳤다. 초등학교에 처음 입학하는 아이들에게는 별것 아닌 것 같은 받아쓰기가 최초로 넘어야 할 시험의 관문이다. 아무리 바빠도 받아쓰기를 숙달시켜줘야 하는 게 부모의 책임이다. 그 이유는 모국어를 정확하게 배우고 익히는 과정은 자녀들의 신앙생활과도 큰 연관이 있기 때문이다. 우리는 누구나 모국어로 생각하고, 말하고, 글을 쓰며 마음의 크기와 생각의 지평이 확장된다. 그리스도인 부모는 성경을 통해 자녀의 믿음뿐만 아니라 생각하는 능력까지 자라게 도와야 한다.

돈 한 푼 안 들이고 자녀들의 실력을 높여 줄 방법이 많다. 내 아들이 열다섯 살에 연세대학교 사회계열에 최연소로 단번에 합격한 데에는 하나님의 은혜 가운데 어린 시절부터 성경 교육을 통한 언어영역의 기초를 튼튼히 했기 때문이다. 나는 처음에는 단지 성경을 재미있게 읽히려고 함께 읽었다. 내가 워낙 성경 지식이 없어서 단지 성경을 읽고 배우기 위해 아들과 함께 성경을 읽었는데, 15년의 시간이 지났을 때 깜짝 놀랄 만한 성과를 거두었다.

나는 영어교육은 굉장히 늦게 시작했다. 성경이 영어로만 읽어야 하는 책이었다면 당연히 영어부터 시켰겠지만, 국어만으로도 성경을 읽을 수 있었기에 한글과 한자만 열심히 배우도록 도와줬다. 내가 처음 예수님을 믿던 시절에는 성경 안에 한자가 워낙 많았기 때문이다. 그래서 온 동네 아이들이 영어를 배우러 다녀도 내 아이가 관심이 없을 때는 시키지 않았다.

1. **한자 교육:** 한자를 모르면 고급 한글을 구사할 수 없다. 학년이 올라갈수록 말뜻을 몰라서 수준 높은 책을 읽어 낼 수 없고, 깊은 내용의 글도 쓸 수 없다. 자녀가 감각적으로 쓰는 축약어나 채팅 언어에만 익숙하면 책을 가까이할 수 없다. 국어사전, 한자사전을 늘 가까이 두자. 아이가 물어볼 때마다 대충 알려 주거나 바쁘다고 핑계대지 말고 부모

도 함께 배우면 아이가 정말 좋아한다.

나는 처음에는 한글을 익히고 주기도문, 사도신경, 성경, 찬송가와 함께 천자문을 그냥 소리 내서 노래처럼 부르며 익히게 했다. 거의 6~7년을 초등학교 들어가기 전까지 집에서 놀며 배우며 한 일이기 때문에 공부라기보다는 엄마랑 하는 일종의 놀이였다. 아이들은 엄마나 아빠가 함께 놀아 주면서 책을 보면, 공부가 아니라 놀이로 생각한다.

성경에 나오는 한자 단어와 천자문을 노래처럼 배우게 했더니, 초등학교 때 삼국지에 나오는 한시가 궁금하다면서 한자학원을 보내 달라고 했다. 아들은 일주일에 2~3일 한자학원에 다녔고 곧 사자소학(四字小學), 추구집, 명심보감을 통달했다. 요즘에는 성경한자 만화책까지 나왔으니 부모가 조금만 관심을 가지면 얼마든지 놀이처럼 한자를 배우도록 도울 수 있다. 아들이 한자학원을 다니던 때는 대한민국이 한자교육을 가장 소홀히 하던 시절이었다. 하나님은 이렇게 시대를 초월해서 우리 자녀들을 도우시는 분이다.

2. 영어 교육: 재밌는 일은 아들이 초등학교에 들어간 뒤에 일어났다. 어느 날 동네에 치킨집, 햄버거집, 피자집이 생기면서 각종 영어 간판이 늘어나자, 아들은 그 글자를 어떻게 읽어야 할지에 관심을 보이기 시작했다. 아마 그 무렵 여러 가지 간판을 보면서 이 세상에 한글, 한자 말고도 다른 글자가 있음을 알게 된 것 같다. 미국에서 태어났거나 미국에 갔다 온 친구들이 스스럼없이 햄버거며 피자며 메뉴를 거침없이 고르는 걸 보면서 자극을 받았는지 어느 날 "엄마, 저도 영어 배우고 싶

어요" 했다. 그래서 그때부터 우리 집 경제형편을 고려해 아들에게 가장 적합한 영어교육을 찾기 시작했다.

우리 집에서 사용한 영어교육법은 매일 혼자 정해진 분량의 영어 카세트를 듣고, 아침마다 선생님이 집에 전화해서 아이의 학습 내용을 확인하고, 보름에 한 번 새로운 교재를 갖다 주는 것이었다. 교재비만 내면 선생님이 매일 아침 스스로 공부한 내용을 확인해 주니 시간 절약, 돈 절약이 저절로 되었다.

돌이켜 보면, 어린 시절의 모든 교육의 목표가 성경을 스스로 읽을 수 있는 아이, 예배를 잘 앉아서 드릴 수 있는 아이, 예수님을 잘 믿는 아이가 되게 하는 일이었기 때문에 언제나 큰 욕심 부리지 않고 놀며 배우며, 배우며 놀기를 반복할 수 있었던 것 같다.

다음은 초등학교 어린이들의 국어 실력, 믿음 실력, 독해 실력 향상을 위해 할 수 있는 손쉬운 방법들이다. 당장 오늘부터 어린 자녀와 함께해 볼 수 있다.

가정예배를 통해 기도하고(말하기, 듣기, 생각하기),

어린 자녀와 소리 내어 성경을 함께 읽고(말하기, 듣기),

아이 스스로 혼자 성경을 날마다 꾸준히 읽고(믿음과 독서력과 독해력 기르기),

성경 본문으로 받아쓰기 시험을 보고(띄어쓰기, 철자법, 글자 쓰기),

성경 퀴즈로 알아맞히기 게임을 하고(놀이를 통해 지식 쌓기),

성경 한자 배우기.

이 같은 사소한 방법이 쌓이고 쌓이면 믿음과 실력을 겸비한 아이로 자랄 것이다.

 공부는 인내 훈련이다

그리스도인 자녀들은 누구든지 인내의 결실이 있어야 한다. 인내는 성령의 중요한 열매다. 어린 자녀들에게 어떻게 인내심을 가르칠 것인가? 과거에는 공교육에서 인내심을 중요한 미덕으로 삼고 가르쳤다. 부모 세대는 "인내는 쓰고 그 열매는 달다"라는 교훈을 배우고 자랐지만, 지금은 그 어느 곳에서도 인내를 가르치지 않는다. 심지어 그리스도인 부모조차 자기 자녀가 참고 인내하면 손해 본다고 싫어한다. 이 시대가 추구하는 가치는 즉시 내 손에 잡히고, 내 눈에 보이는 열매를 내가 제일 먼저 먹고 갖는 것이다. 극치의 이기주의를 추구하는 것이다. 그러나 성경은 그 어느 곳에서도 이기주의를 장려하거나 교육하지 않는다. 오히려 버려야 할 마음의 병폐로 지적한다.

어린 자녀들이 공부의 필요성을 아직 모를 때, 공부를 인내 훈련으로 접근하면 부모와 자녀 모두에게 유익이 많다. 공부를 인내 훈련, 숙제를 약속 훈련, 시험공부를 절제 훈련의 도구로 삼을 때, 자녀들은 마침내 공부를 통해서 하나님이 주시는 배움의 기쁨을 터득하는 훈련을 받게 된다. 당장 눈에 보이는 점수와 결과(평가 목표)에 연연하기보다, 자녀의 긴 인생에서 배움의 기쁨(학습 목표)을 누리도록 하자.

우리 자녀들이 살아가야 할 시대는 평생직장 시대가 아니다. 지속적인 배움을 통해 여러 가지 직업을 가져야 살아남을 수 있는 평생 배움의 시대다. 또한 자녀가 성장하면서 배워야 하는 여러 가지 삶의 기준과 방법들은 성령의 9가지 열매를 성품으로 맺어 가는 훈련 과정으로 보아야 한다. 육체의 일과 성령의 일이 얼마나 다른지에 관해 성경은 다음과 같이 기록하고 있다.

> [16] 내가 이르노니 너희는 성령을 따라 행하라 그리하면 육체의 욕심을 이루지 아니하리라 [17] 육체의 소욕은 성령을 거스르고 성령은 육체를 거스르나니 이 둘이 서로 대적함으로 너희가 원하는 것을 하지 못하게 하려 함이니라 [18] 너희가 만일 성령의 인도하시는 바가 되면 율법 아래에 있지 아니하리라 [19] 육체의 일은 분명하니 곧 음행과 더러운 것과 호색과 [20] 우상 숭배와 주술과 원수 맺는 것과 분쟁과 시기와 분냄과 당 짓는 것과 분열함과 이단과 [21] 투기와 술 취함과 방탕함과 또 그와 같은 것들이라 전에 너희에게 경계한 것같이 경계하노니 이런 일을 하는 자들은 하나님의 나라를 유업으로 받지 못할 것이요 [22] 오직 성령의 열매는 사랑과 희락과 화평과 오래 참음과 자비와 양선과 충성과 [23] 온유와 절제니 이같은 것을 금지할 법이 없느니라 [24] 그리스도 예수의 사람들은 육체와 함께 그 정욕과 탐심을 십자가에 못 박았느니라 [25] 만일 우리가 성령으로 살면 또한 성령으로 행할지니 [26] 헛된 영광을 구하여 서로 노엽게 하거나 서로 투기하지 말지니라 (갈 5:16-26)

학원에 가나 학교에 가나 놀기를 좋아했던 내 아들은 모든 것을 최소한만 하는 것처럼 보였다. 신기한 것은 자기가 좋아하는 것은 부모의 상상을 초월해서 잘한다는 사실이다. 스타크래프트는 또래 사이에서 1, 2등을 다투었고, 헝겊 손가방 만들기는 여학생들을 제치고 1~3학년 통틀어 전교 1등으로 뽑혔다. 바느질 솜씨가 예사롭지 않은 것이다.

나는 아들이 바느질 솜씨가 탁월하니 의사가 되었으면 좋겠다고 생각했다. 중학교 1학년 겨울 방학이 된 어느 날이었다. "엄마, 엄마!" 나보다 덩치가 큰 놈이 펄쩍펄쩍 뛰면서 나를 다급하게 불렀다. "엄마, 엄마, 여기… 벌레요. 벌레 잡아 줘요." 어찌나 난리를 피우는지 아들이 가리키는 쪽으로 손을 뻗어 허연 벌레 같은 것을 낚아챘다. 맙소사. 잡고 보니 벌레가 아니라 오리털이었다. 외투에서 빠져나온 모양이었다. 피식 웃음밖에 나오지 않았다. 그 순간이었다. 머리를 세게 한 대 때리듯이 스치고 지나가는 생각이 내 입에 떠올린 미소를 지워 냈다.

"봐라, 네 아들이 무슨 의과대학을 가냐? 이렇게 벌레도 무서워하는 녀석이 어떻게 수술을 하고 피를 흘리고 찢긴 사람들의 상처를 치료하겠니? 어서 헛된 꿈을 깨거라."

이렇게 하나님은 더 좋은 것을 주시려는 하나님의 계획을 알아듣지 못할 때마다 상황도 사용하신다. 늘 말씀과 기도, 예배와 성령님의 인도하심으로, 때로는 상황으로 아무리 크게 말씀해 주셔도 나처럼 알아듣지 못하고 고집을 부릴 때, 바로 그 순간부터 하나님은 퀴즈 문제처럼 여러 가지 상황을 허락하신다.

그날 하나님은 내게 '네 아들은 내가 키운다'는 경고를 하신 것 같다.

예수님이 열두 살에 부모를 떠나 성전에 홀로 올라가셨듯이, 그 시절 열세 살의 내 아들은 주님이 계획하신 삶으로 한 걸음 내딛고 있었던 것이다. 성경적 자존감을 가진 부모는 유행에 휩쓸리지 않고 뚝심 있게 말씀에 따라 자녀를 양육한다. 나머지는 하나님이 책임져 주신다. 내 아이에게 가장 적합한 공부와 적성과 직업을 책임져 주신다.

인공지능이 인간의 지능을 능가하는 시대가 우리 자녀들이 살아갈 가까운 미래다. 산업혁명보다 더 획기적인 사회 변화가 우리 자녀들을 기다리고 있다. 지금 유망해 보이는 직업도 미래에는 이 세상에서 자취를 감추게 될 것이라고 전문가들은 진단한다.

그리스도인 부모는 당장 눈에 보이는 자녀의 외모, 키, 성적, 학벌, 스펙 등에 눈과 마음을 빼앗겼다가 가장 중요한 자녀의 영혼 구원을 놓쳐서는 안 된다. 엄마의 마음 크기가 아이의 인생 크기를 결정한다. 그러므로 엄마 마음부터 성경적으로 회복되고 성장해야 한다. 엄마 마음에 예수님이 계셔야 자녀 마음에도 예수님이 동행하시며 그 인생을 책임져 주신다.

배우자는 서로에게 2순위,
자녀는 부모에게 3순위인 것은
주님이 주신 지혜다.
1순위가 예수님이니
서로 집착하거나 간섭하는 일이 별로 없다.
만일 이 순위가 달라졌다면
나의 이기심과 탐심이 한순간에 가정의 질서를
깨뜨리고 말았을 것이다.

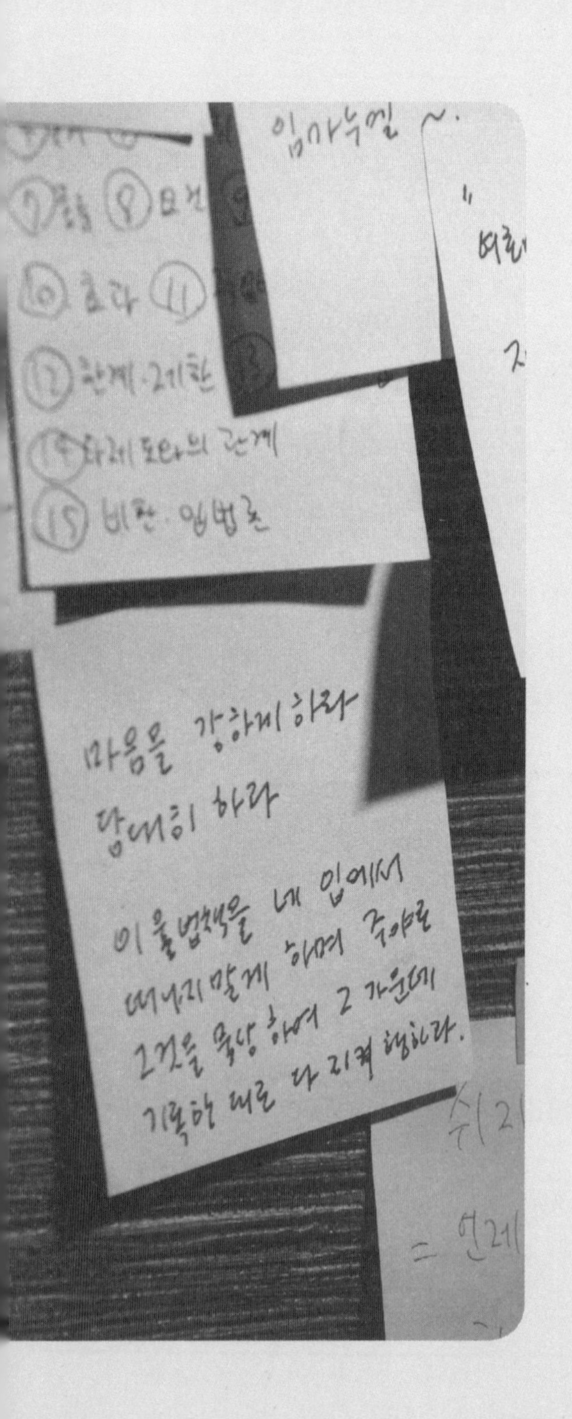

임마누엘 ~.
⑭ 타 제도와의 관계
⑮ 비판·입법론
마음을 강하게 하라
담대히 하라
이 율법책을 네 입에서
떠나지 말게 하며 주야로
그것을 묵상하여 그 가운데
기록한 대로 다 지켜 행하라.

Part 4

순종해야 하나님이 책임지신다

나는 누구보다 하나님의 크신 은혜를 많이 받고 누리고 살았다. 그중에 정말 큰 은혜는 주님이 인생의 굽이마다 찾아오셔서 지혜를 잃지 않도록 묻고 또 물으신 것이었다.

'무엇이 성경적 성공인지 기억하고 있니?', '좋은 대학, 좋은 직장, 성공신화를 향한 열망과 부모의 탐심을 조절하는 마음의 브레이크는 잘 작동하고 있니?', '현실에 발을 딛고 있니?', '뜨거운 가슴과 차가운 이성을 견지하고 있니?', '인생의 주인이 하나님이 맞니?'

부모가 되고 성경을 유일한 자녀양육의 기준으로 택하면서, 내 인생은 비포(before)와 애프터(after)로 확실하게 구분됐다. 수많은 자녀양육서 중에서 성경을 유일한 기준으로 삼은 것 자체가 가장 큰 반전이며, 기적의 첫걸음이었다. 오랜 세월 불신앙으로 살던 내가 미숙아를 낳고, 자녀양육서를 성경으로 결정했으니, 이보다 더 큰 인생의 반전이 어디 있겠는가?

하나님의 스토리를 따라가는 부모가 되자

 부모는 평생 인내 훈련학교 학생이다

아무리 생각해도 믿음의 어머니가 되는 여정은 삶의 고비마다 잠잠히 기다리는 것을 배우는 인내 훈련학교 같다. 인내해야 '내가 누군지 알게 되고, 내가 어디로 가야 하는지 알게 되고, 내가 왜 살아야 하는지' 알게 해주시는 하나님의 은혜를 체험하게 된다. 아무리 답답해도 기다려야 방향을 잃지 않고, 아무리 응답이 더뎌도 기도해야 하나님께서 친히 인도해 주신다. 아무리 포기하고 싶어도 포기하지 않으면 기다릴 힘을 계속 부어 주신다. 그래서 우리는 하나님의 시간과 우리의 시간이 다름을 인정하고 믿어야 하는 것이다.

아이들은 부모의 위선에 절대 속지 않는다. 그리스도인 부모가 말로는 하나님 잘 믿어야 하고, 말씀에 순종해야 한다고 가르쳐도 삶으로 보여 주고 행동으로 말하지 않으면 아이들은 부모의 말을 믿지 않는다.

열두 살에 유월절을 지키기 위해 예루살렘에 왔다가 홀로 무리에서 떨어져 나온 예수님을 찾으러 온 마리아와 요셉에게 예수님은 이렇게 말씀하셨다.

> 어찌하여 나를 찾으셨나이까 내가 내 아버지 집에 있어야 될 줄을 알지 못하셨나이까 (눅 2:49)

마리아는 이 말씀을 마음에 담아 두었다고 성경은 기록하고 있다. 그러나 예수님이 공생애를 시작하신 것은 그로부터 18년이 지난 뒤였다. 어머니 마리아는 무려 18년이나 하나님의 때를 기다렸던 것이다.

오늘날 우리는 눈만 뜨면 스마트폰을 붙잡고, 정신없이 미친 듯이 분주하게 움직인다. 분주하면 방향 감각을 상실한다. 조급하면 안전수칙을 놓친다. 비교하고 경쟁하면 하나님의 시간을 감지할 수 없다. 믿음의 부모는 받은 사명을 놓쳐선 안 된다. 지금 어디를 향해 달려가고 있는지, 무엇을 위해 분주한지, 왜 안전수칙을 지키지 않고 경쟁하는지 멈춰 서서 마음을 살피며 짚어 내야 한다.

사춘기 자녀를 둔 부모에게 필요한 훈련이 특히 기다림이다. 일일이 간섭하고 채근하고 잔소리하는 것을 멈추고 향방을 모르는 자녀가 길을 잃지 않도록 인내함으로 지켜 주어야 한다. 삶의 속도계를 하나님의 시간표에 맞추고 인내함으로 기다려야 한다.

15세의 나이로 최연소 대학 입학을 한 아들이 대학생활을 할 때의 일이다. 그렇게 하나님의 큰 은혜를 입었으면 대학에 들어가서 공부만 할 줄 알았다. 그러나 대학에 들어간 아들은 공부보다 다른 일이 훨씬 더 중요해 보였다.

아들이 중간고사를 2주 앞두고 도서관에서 밤늦게까지 공부하고 돌아왔다는데 내가 보기엔 아직 공부에 발동이 걸리지 않은 분위기였다. 사실 나와 아들, 남편의 공부 패턴은 달라도 너무 달랐다. 나는 늘 조급하고, 두 남자는 항상 여유로웠다. 그렇다 보니 엄마인 내 눈에는 아들이 늘 미흡해 보였다. 성경 말씀에 자녀를 노엽게 하지 말라고 해서 잔소리를 줄이려 노력하긴 하지만 순간순간 조급증과 염려증이 발동했다.

아무리 최연소라지만 명색이 대학생인데 공부하라고 닦달하는 건 아니다 싶어 꾹 참고 지켜보기로 했다. 그런데도 공연히 자꾸 염려가 되었다. 그래서 가끔 남편에게 답답한 속을 털어놓곤 했다.

"여보, 쟤 요즘 공부하는 거 같아요?"

"뭐 그렇지… 글쎄…."

"무슨 대답이 그래요?"

"아직은 좀 그래 보이지? 근데 당신은 대학 때 공부만 했어?"

"나는 아버지가 위암에 걸리신 뒤 형편이 너무 가난해져서 과외하느라 만날 허둥댔죠. 하지만 그 바쁜 중에도 장학금 받으며 학교 다녔어요. 쟤는 너무 헐렁하게 사는 것 같아 속이 타요."

"기다려. 나름대로 한다고 하니까 믿고 기다리라구."

아이가 커 갈수록 잔소리와 간섭을 줄이는 게 성숙한 부모의 모습이라지만 그게 참 쉽지 않았다. 아이를 나와 대등한 인격체로 대우하는 일이 생각만큼 쉽지 않은 것이다. 스스로 알아서 하기를 기다리는 것만큼 어려운 일이 또 있을까.

아들이 대학을 입학해서 열심을 쏟는 일이란 대략 이런 것들이다. 음악과 영화, 친구… 게다가 난데없이 사진에 취미를 붙여서 카메라를 가방에 넣고 다닌다. 친정아버지가 영화 촬영감독이었던 탓에 아들이 카메라를 들고 다니는 것을 마냥 좋은 마음으로 바라보기가 힘들었다. 하지만 나는 염려증이 도지기 전에 주님께 무릎을 꿇었고 그런 나를 주님은 부드럽게 만져 주셨다.

"하나님, 아이가 자라 가는 자연스러운 성장과 저의 마음 크기 성장이 속도를 맞춰 가게 도와주옵소서. 내 품안의 아이가 아니라 건강한 성인으로 성장하는 것을 기쁜 마음으로 바라보도록 도와주옵소서. 아이가 대학생이 되었어도 성실하게 공부하도록 도와주옵소서. 자녀에 대한 염려가 생길 때마다 기도하는 어머니가 되게 하옵소서."

주님은 내 기도를 들으시고 아이를 향해 근심하고 염려하는 말을 하는 대신 "너 요즘 공부하느라 힘들지? 고맙다. 힘든 공부도 열심히 해줘서…"라고 말할 수 있도록 도와주셨다. 그리고 주님은 아들 눈의 티가 안 보이는 동시에 아들의 장점이 더 많이 보이도록 은혜를 주셨다.

"주님, 오늘도 내 자녀를 격려하고 용기를 주는 입술이 되게 인도하옵소서."

내 인생은 참으로 다행이다. 예수님이 나의 염려를 맡아 주시므로 참으로 다행이다. 조바심이 날 때마다 곁에서 진정시켜 주는 예수님이 있어서 다행이다.

기다림은 성숙한 사람만이 할 수 있는 인격의 덕목이다. 말씀을 믿고 기도하며 기다려야 하나님이 하신다. 하나님보다 앞서면 일만 그르칠 뿐이다. 에서는 배고픔을 못 참아서 팥죽 한 그릇에 허망하게 장자권을 빼앗겼는가 하면, 야곱은 집요하게 기다리고 기다리다가 아버지의 축복을 송두리째 받았다. 사울 왕은 제사장이 오는 것을 못 기다리고 직접 하나님 앞에 제사를 드리다가 큰 죄를 지었다. 이처럼 성경에는 기다린 사람과 못 기다린 사람들의 이야기가 차고 넘친다. 그리스도인 부모는 자녀에게 기도하고 기다리는 법을 가르쳐야 할 사명이 있다.

자녀 속에 심으신 하나님의 비전을 발견하도록 도와주자

자녀는 하나님이 주신 기업이며, 하나님의 창조 작품이라는 사실을 기억하면, 자녀를 하나님의 관점으로 바라보는 눈이 생긴다. 성경을 보면, 하나님께 소명을 받아 쓰임 받은 인물들은 부모의 욕심이 개입된 경우가 없다. 오히려 부모가 자녀의 소유권을 포기하고, 자녀를 향한 욕심을 버려야 자녀가 하나님이 주신 은사와 사명을 스스로 발견하고 성장해서 쓰임 받는다.

그리스도인의 삶은 '스펙(spec) 쌓기가 아니라 하나님이 기뻐하시는 스토리(Story) 만들기'이다. 예수 그리스도로 완성한 하나님의 구속사

자체가 러브 스토리이며, 그 러브 스토리의 주인공이 되는 것이 하나님이 기뻐하시는 삶인 것이다. 어린 시절에 해야 하는 기본적인 양육은 반드시 최선을 다해야 하지만, 자녀에게 심겨진 하나님의 비전과 부모의 탐심은 구별할 수 있어야 한다. 부모가 자녀에 대한 욕심을 포기해야, 자녀 스스로 자신의 소명을 찾아 나간다. 자녀를 완전히 하나님께 맡겨야 하는 나이는 대략 열세 살 전후다. 중학생이 되면서부터는 의도적으로 엄마 마음의 크기를 넓혀 가야 아이 인생이 자란다.

나는 아들이 의사가 되기를 은근히 바랐다. 하지만 오리털 파카의 깃털을 벌레로 착각해서 벌벌 떠는 아들의 모습을 보고 의사가 하나님의 뜻이 아님을 알아차렸다. 만일 내가 일상생활 속에서 하나님의 사인을 알아차리지 못하고 계속 고집을 부렸다면, 설사 아들이 의대에 진학했더라도 결국 갈등하다 진로를 바꿨을 것이다.

13세 이전에는 모든 상황을 열어 놓고 지도해야 하지만, 13세 이후부터는 부모의 비전을 일단 다 포기해야 한다. 오로지 기도하며 아이를 잘 관찰하여 스스로 비전을 찾아가도록 도와야 한다. 참견을 최소화하고 기도할수록 아이가 성장한다.

요셉은 이복형제들에게 팔려 애굽의 노예가 되었지만 나중에 애굽의 총리가 되어 이스라엘을 보호하는 사명을 감당했다. 모세는 태어나서 석 달 만에 나일 강에 버려졌지만, 400여 년간 노예 생활을 하던 이스라엘 민족을 가나안 땅으로 인도하는 사명을 감당했다. 여호수아, 사무엘, 다윗, 에스겔, 세례 요한, 베드로, 바울, 바나바 등 수많은 성경 속 인물들이 그들에게 심겨진 비전을 발견하고 주신 은사대로 소명을 따라가는 인생을 살았다. 이제 우리 자녀들이 하나님께서 주신 은사와 비전을 발견하고 하나님께 쓰임 받는 인생을 살 때다.

그러나 아이들에게 어른들의 세상은 아직 은폐된 공간이다. 그래서 아이들은 부모나 주변의 어른들을 통해 세상과 만난다.

남편과 나는 특히 교회학교 선생님들의 도움을 많이 받았다. 그들은 아들을 위해 특별히 기도해 주시는 분들이다. 또 부모가 보지 못하는 아들의 장점과 은사를 볼 수 있다. 그래서 우리는 특별히 감사하고 존경하는 마음을 담아 선물이나 편지를 보내곤 했다. 그런 인연으로 나중에 아들이 최연소 사법시험에 합격했을 때, 아들을 가르치던 교회학교 선생님들이 우리 교회까지 와서 축하해 주셨다. 하나님께서 허락하신 교회학교 선생님이나 학교 선생님의 조언이나 고언을 귀담아듣는 것도 아이의 비전과 은사를 발견하는 한 방법이다.

아들이 초등학교 때 '직업의 세계 알아보기'란 방학 숙제를 하기 위해 아빠 친구들을 중심으로 여러 분야의 전문 직업인들과 인터뷰한 적이 있다. 그중에 한 분이 신실한 크리스천 변호사였는데 아들은 이를 계기로 자신의 진로를 변호사로 결정하게 되었다. 이처럼 각 분야에서 일하는 신실한 크리스천과의 만남은, 아이들에게 도전이 되기도 하고 비전을 품는 계기가 되기도 한다.

우리 교회에서는 초등학교 고학년부터 중·고등학교 학생을 대상으로 진로를 찾기 위한 직업 탐방을 하고 있다. 정말 감사하게도 이제 대형 로펌의 전문 변호사 5년 차인 내 아들도 우리 교회학교 아이들을 위해 '전문 법조인의 직업 세계와 크리스천 삶의 연관성'에 관해 특강을 하고, 자기 회사로 교회학교 아이들을 초대해서 간접적이나마 체험하도록 돕게 되었다. 이밖에도 대학 교수, 건축설계사, 음향 전문가, 방송국 피디 등 다양한 직업군의 집사님들과 청년들이 아이들의 진로교육을 위해 애써 주셨다.

이렇게 가정과 교회는 자녀 세대가 하나님이 심어 주신 은사를 발견하여 쓰임 받는 믿음의 사람으로 자라도록 도와야 할 사명이 있다.

자녀의 마음속에 믿음의 날개를 달아 주자

사실 자녀도 하나님의 소유이기 때문에, 그리스도인 부모라면 세상 부모들처럼 자녀양육에 너무 큰 부담을 가질 필요가 없다. 하나님의 인도하심을 믿고 아이의 발달 상황에 따라 말씀에 비추어 기본에 충실하면, 나중에는 하나님이 인도해 주시는 큰 그림이 보인다. 이런 경험을 몇 번 해 보면, 어려운 일이 생기거나 부모 마음에 들지 않는 일이 생길 때도 크게 낙심하지 않게 된다. 오히려 문제와 위기를 만나면 더 기도하고, 믿음의 기본기를 점검하며, 하나님이 하실 일을 기대하는 멋진 믿음의 날개를 마음에 장착할 수 있다.

부모가 순종하면 자녀의 마음에도 믿음의 날개가 돋는다. 믿음의 날개로 하나님의 뜻을 따라 비상하는 것이 그리스도인 부모와 자녀의 특권이다.

이동하는 새들이 비상하는 방법을 배우면 믿음의 여정이 더 쉬워진다. 새들은 기류를 타며 혼자 날지 않는다. 반드시 무리를 짓고 인도하는 맨 앞의 새를 따라 이동한다. 장거리 이동을 해야 하는 새들은 계속 하늘 위에서 힘겹게 날갯짓을 하지 않는다. 처음에 땅에서 하늘로 오를 때는 비상하는 데 많은 에너지가 필요하지만, 일단 공기의 흐름을 타면 그다음부터는 맨 앞에서 날고 있는 리더 새만 잘 따라가면 된다. 그래서 그 작은 새들이 그토록 멀리 무리를 지어 이동할 수 있는 것이다.

나는 가끔 하늘을 바라보다가 석양 무렵에 무리를 지어서 날아가는 철새들의 장엄한 이동 장면을 목격하곤 하는데, 그걸 보면서 천국을 향하는 그리스도인의 인생 여정과 비슷하다는 생각을 한다. 목적지가 분명하고 멀리 가야 할 새들은 혼자 날지 않는다. 혼자 날면 금방 지치고 멀리 못 가기 때문이다. 게다가 맹금류에게 잡아먹힐 위험도 있다.

마지막 때가 가까워지는 시대를 사는 그리스도인도 혼자 가면 생명이 위험하다. 건강하게 세워져서 예수 그리스도의 복음이 살아 있는 교회에서 함께 모여 믿음의 날개를 펴야 끝까지 생생한 믿음을 갖고 승리하며 살 수 있다. 함께 예수님의 음성을 듣고, 함께 주님의 소망을 보고, 함께 무리를 지어 날아가야 더 멀리, 더 높이 목적지까지 안전하게 갈 수 있다. 그리스도인 부모는 자녀에게서 믿음의 날개가 돋아나도록 돕는 사람이다. 그리고 자녀 스스로 믿음의 날개를 펴 비상하도록 기도로 응원하고 삶으로 모범을 보이는 사람이다.

자녀들은 간절히 자기 부모를 존경하고 싶어 한다. 부모만 자녀에게 기대치가 있는 게 아니다. 사실 어떤 의미에서 자녀들은 일평생 자기 부모가 좀 더 잘됐으면 좋겠다고 바란다. 자녀들도 거듭되는 부모의 연약함을 보는 것이 속상하다. 그렇다고 자녀가 부모를 가르칠 수는 없다. 내가 선택한 것도 아닌 부모 때문에 고통스러워하는 자녀가 많다. 결코 닮고 싶지 않았는데 나중에 보니 부모의 모습을 빼다 박아서 속상한 자녀가 얼마나 많은가.

그리스도인 부모라면 적어도 자녀에게 원망을 듣는 부모가 되어선 곤란하지 않겠는가.

흙수저, 금수저 타령을 하는 이 세대를 본받으며 분노하고 원망하면 끝이 없다. 원망이 가리키는 마지막 종착지는 이 세상을 창조하신 하나님이다. 세상이 모두 원망하고 분노할 때 그리스도인 부모와 자녀는 믿음의 날개로 비상해야 한다. 예수님을 바라보며 성령님이 역사하시는 믿음의 기류에 몸을 맡겨야 한다.

참된 예배의 자리에는 성령님이 더욱 강력히 일하신다. 예배의 자리에서 믿음의 날개를 펴 보면 알 수 있다. 하나님은 예배를 통해서 우리의 분노, 원망, 상한 마음, 소외된 마음, 슬픈 마음, 절망과 낙심된 마음을 제물로 받으신다. 이런 무겁고 아픈 마음들이 우리 믿음의 날개를 짓눌러서 하나님이 예비하신 축복의 세계로 비상하지 못하도록 한다는 걸 아시기 때문이다. 예배에 소홀한 삶을 살고 있었는지 되돌아보고, 믿음의 상승기류에 내 몸과 영혼과 마음을 맡겨 보자. 마음속에 믿음의 날개가 솟아나기 시작하면서, 놀라운 비상을 체험하게 될 것이다.

이제 성공신화의 바벨탑에서 내려오자

처음 예수 그리스도를 믿기 시작했을 때는 선명하던 십자가의 보혈이 믿음의 햇수를 더해 가면서 희미해졌는가? 해결되지 않는 자녀 문제, 질병 문제, 가난 문제, 인간관계의 문제로 인해 예수 그리스도의 증인된 삶을 향한 열정이 식었는가? 예수님의 손을 놓치고, 성경 말씀을 외면하고, 탐심과 성공신화의 급물살에 떠밀려가고 있는가? 높은 연봉을 받는 직장을 다니느라 주일예배를 거듭 빠지는가?

그건 세상에서는 성공한 것 같으나 실패한 인생으로 달려가는 가장 확실한 증거다. 하나님의 눈으로 보면 성공이 실패일 수 있고, 이 세상 실패가 성공일 수 있다. 실패해서 예배자의 자리에 나오게 되었다면 그것이 바로 성공인 것이다. 하박국 선지자는 이 시대의 가짜 성공자들을 향해 지금도 소리 없이 외친다.

성경적 성공은 당장 눈앞에 보이는 열매가 없고, 소출이 없고, 먹을 것이 없고, 소가 없을지라도, 구원의 하나님으로 인해 기뻐하고, 하나님이 나의 힘이 되고, 하나님이 나의 발을 나의 높은 곳에 두게 하신 것을 아는 인생이다(합 3:17-19). 성경적 자존감이 회복되지 않으면 결코 믿을 수도 알 수도 없는 것이 성경적 성공이다. 성경적 성공은 하나님과 가장 가까운 자리에 서게 되는 것이다. 아무리 바빠도 주님께 예배드리는 것이 인생의 최우선이 되는 삶이다. 정리하면 이렇다.

지금 당장 우리 모두가 힘써 쌓아올린 성공신화의 바벨탑에서 내려오자. 주님은 나같이 비천한 자를 통해서도 말씀하신다.

"어서 내려오라. 이제 곧 무너지니 어서 내려오라. 그리고 내가 던진 생명줄을 잡으라."

나도 한때 탐심과 성공주의에 눈이 먼 적이 있다. 그러나 주님은 아들의 자퇴 사건과 사법 시험의 낙방을 통해 주님만 붙잡으면 승리한다는 원리를 가르쳐 주셨다. 그리스도인 부모가 성경적 자존감을 회복하면 부질없는 성공신화와 물질주의, 자기 사랑에서 용감하게 뛰어내릴 수 있는 분별력과 용기가 생긴다. 성경적 자존감이 회복된 부모는 '하나님의 말씀을 기준'으로 '주의 교훈과 훈계'로 다음 세대를 양육하도록 '가정과 교회에 파송된 최초의 선교사'다.

《래디컬》의 저자 데이비드 플랫(David Platt) 목사님은 이 시대 그리스도인의 상태를 다음과 같이 진단한다.

"오늘날 그리스도인이 당면한 가장 큰 위험은 예배당에 모여서 두 손을 높이 들고 찬양하지만, 실제로는 성경이 가르치는 예수님을 경배하지 않는다는 사실이다. 많은 이들이 그리스도가 아닌 자기 자신을 경배하고 있다."

주일이면 예배를 드리고 새벽이든 밤이든 기도하기를 힘쓰는데 그것이 하나님과 상관없는 자기를 경배하는 행위라는 것이다. 정신이 번쩍 드는 경고가 아닐 수 없다. 데이비드 플랫 목사님은 현대를 사는 그리스도인들이 젖어서 살고 있는 문화와 라이프스타일이 성경과 동떨어져 있음을 지적했다. 그는 하나님과 동떨어진 삶을 사는 예배자가 드리는 예배가 어떻게 하나님과 상관있느냐고 묻는다. 그리스도인이라면서 이 시대가 추구하는 성공주의와 개인주의, 물질주의를 지향하는 사람들이 얼마나 많은지 모른다.

이 시대 우리가 해야 할 시급한 과제는 하나님께로 다시 돌아가는 것이다. 오직 예수님의 말씀으로 돌아가는 것만이 그리스도인으로 살아가는 유일한 길이다. 이 세대의 바벨탑에서 용감하게 내려오자. 하나님은 이기심과 탐심과 경쟁심으로 쌓아올린 바벨탑을 반드시 무너뜨리신다. 공부 잘하고 출세하는 것이 인생을 성공으로 이끌지 않는다. 당장은 성공한 것 같으나 하나님 없는 성공은 곧 무너지게 되어 있다. 주일에도 학원 가느라 예배를 놓치는 어리석은 짓은 그만해야 한다. 우리의 존재 이유가 하나님을 영화롭게 하고 찬양하는 것임을 안다면, 자녀에게 가르칠 것은, 공부 잘해서 출세하는 게 아니라 하나님을 예배하는 것이어야 한다.

자기 사랑과 자기 경배에 시간과 물질을 쏟아붓느라 예수님과 상관없는 삶을 살기가 얼마나 쉬운가. 우리는 이러한 세상에서 살고 있다. 회개 없는 기도, 예수님이 계시지 않는 마음을 경계하지 않으면 누구든지 순식간에 이 세대의 급류에 떠내려간다. 그러나 회개는 죄와 피 흘리기까지 힘써야 하지만, 자기 비하나 자기 경멸, 자기 정죄는 그리스도인의 몫이 아니다. 우리는 하나님을 경배할 자격은 있지만, 나 자신을 경영할 자격은 없는 존재다. 나 자신도 하나님의 소유이기 때문이다. 예수님이 우리의 모든 죄 값을 다 갚으셨기에, '가서 다시는 죄 짓지 않는' 인생으로 날마다 최선을 다하면 그것으로 족한 것이다.

만남 12

날마다 하나님 앞에 서는 부모가 되자

주님 앞으로 나와서 함께 울자

나는 사실 예수님을 믿기 전에는 지나치리만큼 눈물이 없는 사람이었다. 아주 어렸을 때 빼고는 운 기억이 거의 없을 정도다. 어려서 조금만 울어도 금방 "눈물 뚝!" 하는 교육을 받아서인지, 안 울고, 잘 참고, 잘 양보했다. 만화도 씩씩하게 위기를 뛰어넘는 주인공을 좋아했다. 실제로 대학교 3학년 때 아버지가 돌아가셨을 때도 딱 이틀을 울고 나서 그쳤다. 울다 지쳐서 생각하니, 내가 계속 운다고 아버지가 살아날 것도 아닌데 이제 그만 울어야겠다고 생각했던 것이다. 사람이 때에 따라 적절히 울 줄도 알고 다른 사람의 슬픔에 공감도 해줘야 하는데, 예수님을 믿기 전에는 나이보다 어른 같고 엄마에게 아버지 대신이었으며 집안 걱정이 지나치게 많은 맏딸로만 살았다. 나이에 비해 지나치게 이성의 작동이 발달해서 마음이 병들었다.

슬플 때 울 수 있고, 기쁠 때 웃을 수 있는 사람이 건강한데, 나는 그 시절 그다지 슬픈 일도 기쁜 일도 없었다. 그냥 눈앞에 닥친 아버지의 죽음, 남겨진 가계 부채와 가난, 극복해야 할 불편한 인생만이 보였던 것 같다. 만일 사람이 정상적으로 흘려야 하는 눈물의 총량이 있다면 나는 턱없이 부족할 것이다. 내 마음속에서 '사람은 울면 안 돼'가 늘 작동되어 있었는지, 나는 어른이 되어서도 잘 울지 않았다.

예수께서 눈물을 흘리시더라 (요 11:35)

그리고 교회를 다닌 지 무려 10년이 지난 어느 날, 나는 일대일 제자 양육에서 내준 숙제를 하다가 깜짝 놀랐다. 하나님이신 예수님이 나사로가 죽었다는 소식을 듣고 민망히 여기며 눈물을 흘리셨다고 했기 때문이다. 그 순간 내 마음에 폭풍이 일었다. 주린 후에 배고프시고, 죽은 나사로 때문에 눈물 흘리시고, 행로에 곤하여 피곤하신 예수님… 100퍼센트 하나님이신 예수님은 100퍼센트 사람으로 사셨다.

나는 지금 교회에서도 알아주는 수도꼭지 3인방이다. 성경 말씀만 읽어도 울고, 기도만 해도 울고, 예배 시간에도 울고, 기뻐도 울고, 슬퍼도 울고, 그냥 예수님 생각만 하면 자꾸 눈물이 난다. 아마도 서른 살이 넘도록 눈물을 흘리지 않아 사막이 되어 버린 내 마음을 젖과 꿀이 흐르는 땅으로 기경하려고 눈물을 쏟는 모양이다.

내 눈의 들보, 탐심과 불순종의 때가 벗겨지려면 울어야 한다. 세상에 나가서 울지 말고, 주님 앞으로 나와서 울어야 한다. 부모가 울어야 자녀가 산다. 말씀을 아무리 배우고 알아도 울지 않으면 그대로 지키지 못한다. 눈물로 회개하는 시간이 반드시 필요한 것이다. 부모가 흘리는 회개의 눈물은 자녀와 가정과 가문과 민족을 회복시킨다(눅 23:28).

하나님은 모든 사람이 구원받고 진리에 이르기를 원하신다. 이를 위해 주님은 지금도 하나님 우편에서 나와 내 자녀를 위해 눈물로 간구하신다(롬 8:34). 지금은 울 때다. 아직 울 수 있을 때가 구원의 문이 열려 있는 때다. 울어야 마음이 사막화가 안 된다. 울어야 마음속에 늘 풍성한 시냇물이 흐른다. 울어야 배에서 생수의 강이 흐른다.

주님도 나의 연약함을 위해 탄식하며 기도하신다(롬 8:26). 부모도 내 자녀의 연약함을 위해 마땅히 울며 기도해야 한다. 지금은 전 세계가 벼랑 끝에 선 것처럼 위험하다. 세계는 지금 각종 절망의 절벽을 만나 큰 걱정과 시름의 늪에 빠져 가고 있다. 대한민국도 인구절벽, 경제절벽, 수출절벽, 소비절벽 앞에서 살아가고 있다. 하지만 동시에 지금과 같은 풍요는 예전에도 없었고 앞으로도 없을 것이라는 게 미래학자들의 공통된 의견이다. 성경을 봐도 풍요로울 때가 가장 위험한 때다.

그렇게 강맹하던 이집트도, 바벨론도, 로마도 가장 풍요로울 때 순식간에 멸망의 길을 걸었다. 하나님이 손대시면 단 하루 만에도 망할 수 있는 게 역사의 교훈이다. 실제로 바벨론은 외부적으로는 강성했지만 내부적으로 동맹을 맺었던 바사(페르시아)에서 일어난 내분 때문에 하룻밤 새에 멸망했다.

아모스서에도 건국 이래 최고의 전성기를 맞은 북이스라엘 여로보함 2세 때의 사회상이 자세히 기록되어 있다. 이스라엘이 군사적으로나 경제적으로 국가적 번영을 누리던 때 하나님은 아모스 선지자를 통해 이스라엘의 죄가 무엇인지를 말씀하셨다. 형식적인 제사와 하나님의 백성으로서 공의가 없는 것이 죄였다. 그러나 이스라엘은 하나님께 특별히 선택된 민족이라는 선민의식에만 사로잡혀서, 앞으로 도래할 '여호와의 날'을 심판의 날이 아닌, 이 땅에서의 번영을 보장하는 축복의 날로 착각했다. 도덕적, 사회적, 성적 타락이 곳곳에서 환부를 드러내고 있음에도 돌이키지 못하고 오히려 하나님의 축복을 기대했다.

멸망을 코앞에 두었으나 여전히 돌이키지 못하고 타락한 이스라엘이 어쩐지 낯설지 않다. 오늘을 살아가는 우리와 크게 다르지 않은 까닭이다. 개인적으로도, 국가적으로도, 풍요로울 때가 가장 위험하다. 그리스도인 부모는 이것을 볼 수 있는 믿음의 시력을 잃지 말아야 한다.

성경적 자녀양육은 하나님과의 러브 스토리다

나와 하나님의 첫 만남은 아버지의 장례식을 한 달 앞둔 어느 여름날이었다. 하나님을 만난 처음부터 나는 계속해서 불행을 만났다. 아버지의 죽음, 이어진 가난, 미숙아 출산, 불편한 병원 생활, 남편의 심장병과 함께 찾아온 절망, 그리고 개척교회 사모로서 분주한 시간들… 그렇게 30년이 흘렀다.

'나는 과연 그리스도인 부모인가? 예수 그리스도를 따르는 삶을 살고 있는가? 세상이 중요하게 여기는 이기주의, 개인주의, 자기 사랑, 자기만족, 자존감 높이기, 물질주의, 성공주의, 자기 숭배를 초개와 같이 여기며 날마다 나를 쳐서 십자가 앞에 복종시키고 있는가?'

돌아보니, 내가 아이를 키운 게 아니라 아픈 아이를 통해 하나님이 부모인 나를 키워 주셨다. '약한 자를 통해서 강한 자를 부끄럽게 하시는 하나님'은, 성경에 기록된 약속대로 하나님을 경외하는 사람들에게 주시는 은혜를 풍성하게 주신다.

하루하루 애간장을 끓이던 아들이 하나님의 손길을 받아 지금은 신실한 크리스천 법조인으로서 은사대로 쓰임 받고 있다. 해군 법무관 장교 판사로서 3년간 군복무까지 확실하게 마쳤다. 어렸을 때는 몸만 건강해지는 게 가장 큰 소원이었는데, 예수님을 믿는 믿음도 주시고 갖가지 은사까지 부어 주셨다. 성경의 약속대로 '정신과 육체, 영, 인격과 성품'의 모든 영역에서 넘치는 은혜를 받았다(눅 2:52).

그런데 아이러니하게도, 이렇게 넘치는 축복과 한없는 은혜를 받았으니 예수 그리스도의 장성한 분량에 이르기까지 믿음이 자라야 하는데, 나의 마음과 신앙은 점차 부패하기 시작했다. 영안이 차츰 어두워지고 안일과 나태를 좇았다. 그러자 예수님을 향한 첫사랑이 자꾸 변질되면서 삶의 곳곳에서 이상증세들이 나타나기 시작했다.

더더욱 무서운 것은 타락해 가는 이 세상에 나타나는 영적 현상이 내 마음과 가정 안에서 또다시 싹을 내고 뿌리를 내리고 잡초처럼 무성하게 자라나고 있는 것이었다.

누구든 인생의 광야를 지나다 보면 시험을 피할 수 없다. 예수님도 공생애를 시작하기 전에 광야에서 마귀의 시험을 당하셨다. 우리가 시험을 만나는 장소는 가난의 광야이고 질병의 광야, 갖가지 실패의 광야, 낙심과 무기력의 광야, 외로움과 소외감의 광야, 분노와 실망의 광야다.

믿음의 2대, 3대, 100대에 이른 명문 가정의 자녀라도 반드시 통과해야 하는 시험이 있다. 그것은 하나님 앞에서 일대일로 치르는 시험이다. 그런데 시험장에는 당사자 혼자 들어가야 한다. 아무리 믿음의 부모라도 자녀가 하나님과 대면해 일대일로 치러야 하는 시험장에 들어갈 수 없다. 이 시험을 이기는 방법은 무엇인가?

교과서(성경)를 반복해서 보고, 수업 시간(예배)에 설명(설교)을 잘 듣고, 모르는 건 질문하고(성경공부 시간과 개인 큐티와 기도 시간), 결석 지각하지 말고(주일 성수, 가정예배), 예상 문제(큐티)와 기출 문제(교회 봉사, 섬김, 전도)를 많이 풀면 실수를 최대한 줄일 수 있을 것이다.

말씀을 따라가면 넘어진 바닥에서 다시 일어서도록 도와주시는 하나님의 손길이 만져진다. 실패와 낙심으로 그리스도인으로서의 정체성까지 흔들릴 때 기도의 자리에서 울면 하나님이 나의 정체성과 존재의미를 다시금 깨닫게 해주신다. 가짜 나에게 속아 살다가 예수님 안에서 진짜 나를 만나면 억울함과 슬픔으로 시야를 방해했던 인생의 안개가 걷히고 새 힘이 솟구친다.

나에게 큰 시험은 아버지의 이른 죽음과, 아들이 미숙아로 태어난 일과 중학교를 자퇴한 일이었다. 또한 남편이 심장병에 걸리고 다니던 직장을 그만두고 교회를 개척한 일이었다. 여러 가지 시험과 낙심으로 마구 흔들렸을 때 목 놓아 울며 주님께 호소하자, 나의 시야를 가린 억울함이 걷히고 병들고 훼손된 자존감이 다시금 성경적 자존감으로 회복되었다. 그 시절을 지나지 않았다면 나의 병든 자존감은 그대로 쓴뿌리가 되어 지금까지도 가족과 주변 사람들을 힘들게 했을 것이다. 그래서 인생의 광야에서 만나는 시험은 병든 나를 치료하는 감사의 시간이고 하나님의 은혜를 경험하는 축복의 관문이다.

다시 마음이 상하지 않도록 깨어 있어야 한다

신선식품만 중요한 게 아니다. 우리 마음이야말로 날마다 주님 말씀으로 신선해져야 한다. 마음속에 잡동사니가 쌓이면 점점 부패한다. 마음이 신선해져야 말씀대로 성령님이 일하실 수 있다. 성령이 소멸되면 예수님이 탄식하신 종교인으로 타락할 뿐이다. 우리는 그리스도인의 옷을 입고도 얼마든지 하나님과 상관없는 삶을 살 수 있다. 예전처럼 똑같이 교회에서 봉사하고 예배를 드려도 하나님과 상관없는 사람으로 살 수 있다. 그래서 특히 축복과 번영의 시절을 보낼 때 마음의 경계를 더 삼엄하게 해야 한다. 내 마음이 날마다 신선하고 새롭게 되고 있는지 살펴야 한다. 음식을 먹지 않고 보관만 하고 있으면 냉장고에 있어도 음식이 상한다. 상한 음식은 버려야 하듯이 날마다 말씀과 동행하면서 상한 마음, 변질된 마음, 병든 마음을 버려야 산다. 숨은 부끄러움, 습관적인 죄, 혼돈된 영적 습관을 버려야 살 수 있다.

나 역시 믿음의 기초공사가 끝나고 축복과 번영의 시절을 살면서, 신명기 8장에서 하나님이 경고하신 일을 맞게 되었다. 율법은 열심히 지켰으나 정작 그리스도이신 예수님을 알아보지 못한 유대인들처럼 눈뜬 맹인 같은 때가 있었다. 나의 행위가 하나님의 의보다 더 의롭게 여겨지는 교만병도 앓았다. 믿음이 점차 차지도 덥지도 않은 상태가 되었고 그럴수록 나태해졌다.

하마터면 밤사이에 원수가 뿌려 놓은 가라지 때문에 나는 물론이고 아들과 남편의 영과 생명까지 부패할 뻔했다(마 13:25). 조금만 더 부패했다면 예수를 부인하고 십자가에 못 박은 유대인의 죄를 범할 뻔했다. 하지만 다행히 너무 부패해 버리기 전에 마음밭에 뿌려진 가라지를 발견할 수 있었다. 그리고 돌이켜 회개했다.

"주님! 잘못했습니다. 용서해 주시옵소서. 제가 교만했습니다. 하나님께서 주신 큰 축복을 제 능력에서 온 것인 줄 알고 잠시 잠깐 속았습니다. 내 자녀가 교만했습니다. 우리 가정이 교만했습니다. 우리 교회가 교만했습니다. 이 나라와 민족이 교만했습니다. 전쟁은 여호와께 속한 것이오니, 이 땅에서 전쟁을 거두어 주시고, 다시 한 번만 더 기회를 주시고 용서해 주시옵소서. 다시 한 번 더 회개의 기회를 주옵소서."

그리고 기도 가운데 다시 찾은 인생의 질문이 하나 있다.

'지금 예수님이라면 내 자녀에게 어떻게 하실까? 지금 예수님이라면 나의 배우자에게 어떻게 하실까? 지금 예수님이라면 우리 교회 성도들에게 어떻게 하실까? 지금 예수님이라면 나라와 교회와 이 사회를 위

해 무엇을 하실까?'

이 모든 질문들은 나를 포함한 마지막 시대를 사는 부모 세대를 향해서 주신 믿음의 선물이라고 생각한다. 또한 자녀 세대를 결코 잃지 않도록 마음에 새겨 주신 질문이라고 생각한다. 예수님의 마음으로 자녀를 양육할 수만 있다면, 우리는 모든 탐심과 유혹을 얼마든지 물리칠 새 힘을 날마다 공급받을 것이다. 엄마 마음 크기가 예수님 마음 크기로 점점 자라고 회복되면, 이 세상은 우리를 감당할 수 없을 것이다. 아이 인생 크기도 하나님이 완전히 키워 주신 것이다. 그리고 자녀 세대의 구원과 축복을 약속대로 주실 것이다.

예수님이 나를 불쌍히 여기시고 중보해 주신 덕분에 회개하고 하나님 아버지 품으로 돌아올 수 있어서 너무 감사하다. 그렇게 돌아온 후 요즘 나는 예수님의 마음을 닮아 가고자 나라와 민족을 위해 기도한다. 지금은 우리가 다음 세대를 위해 기도할 때다. 자녀 세대는 평화통일의 주인공이 될 것이다. 지금은 말씀에 의지해서 나라와 민족을 위해 힘을 모아 깨어서 기도해야 할 때다(딤전 2:1-5). 나라가 위기에 처하면, 가장 큰 고난에 처하는 세대가 자녀 세대이기 때문이다. 자녀를 진정 사랑한다면 부모 세대가 힘써 나라를 위해서 기도해야 한다.

다시는 속지 말고, 성경 말씀으로 분별하자

한동안 기도만 하면 마음속에 떠오른 생각이 있었다. '네가 그동안 많은 교회에 가서 가르친 내용을 다시 너에게 가르치라'는 말씀이었다. 처음에는 자꾸 마음속에서 떠오르는 이 생각의 정체가 무엇인지 몰라 외면했다. 그즈음 새로 책을 쓰느라 몸도 마음도 지쳤더니 환청이 들리는가 보다 했다. 하지만 어느 순간 그 음성이 나를 향한 하나님의 뜻임을 깨달았다. 인생 최대의 적이 바로 나 자신임을 깨우쳐 준 말씀이었다. 다시 새롭게 된 믿음으로 나의 숨은 부끄러움의 죄들과 게으름과 안일과 피 흘려 싸워야 한다고, 끝까지 달려갈 길을 마쳐야 한다고 다시금 깨우치는 말씀이었다.

내가 말하고 기록한 것을 지키는 일도 순교를 각오해야 하는 일이었다. 당장에 그만두고 싶고, 숨고 싶고, 포기하고 싶을 때가 많았다. 하지만 주님은 "공부해서 남 주라"고 하시고 "자녀와 다른 사람들에게 가르친 대로 너 스스로 다시 배우라" 하셨다. 그 음성을 따라 포기하지 않으니 지금까지 달려올 수 있었다.

이 과정에서 나 자신에게 스스로 속지 않는 게 가장 중요했다. 자기 인생을 글로 쓰거나 말로 간증하는 일에는 늘 과대포장이라는 위험이 도사리게 된다. 깨어서 기도하지 않으면, 주님이 계셔야 할 자리에 내가 냉큼 올라가 있다. 곧 회개하고 내려와도 어느새 그 자리를 차지하고 있는 걸 발견하게 된다. 무엇보다 나 자신을 경계해야 했다. 저자가 되고 강사가 된 후에는 더 많은 기도와 더 많은 세심함과 더 많은 용기가 늘 필요했다.

목회자의 아내가 되어 나를 지켜보는 수많은 성도들의 다양한 시선에 감사하고 순간순간 민낯이 드러나는 나를 단속하며 꾸준히 하나님의 말씀에 순종할 수 있었던 것은 다름 아닌 예수님께 선물로 받은 '성경적 자존감' 때문이었다. 또한 나도 모르는 사이에 조금씩 마음의 크기를 넓게 만들어 주셨기 때문이었다.

앞에서 언급한 것처럼 '성경적 정체성'은 하나님께서 기록하신 성경 안에서 인간인 나의 원래 모습을 발견하는 것이다. 그러므로 '성경적 자존감'의 회복이란 하나님이 우리를 창조하셨을 때 의도하신 모습을 회복하는 일이다. 진정한 '자존감'이란 '하나님 앞에서 자기 존재의 본질을 깨닫고, 성경이 말씀하시는 인간의 자기 가치에 대해 알고 느끼게 되는 감정'이다.

성경적 자존감이 회복된 사람은 다음과 같은 7가지 특징을 회복한 새로운 존재가 된다.

첫째, 하나님께서 하나님의 형상대로 나를 지으신 것을 믿고 알게 된다.
둘째, 성경 안에서 나의 창조된 가치를 깨닫는다.
셋째, 오직 여호와만을 자랑하는 인생이 된다.
넷째, 자신을 죄에 대해서는 이미 죽은 자요, 그리스도 안에서
새롭게 산 자로 여긴다.
다섯째, 그리스도 안에서 새사람이 된 것을 믿는다.
여섯째, 언제나 하나님이 나와 함께하심을 믿는다.
일곱째, 하나님을 기쁘게 해드리는 삶의 목표를 회복한다.

성경적 자존감이 회복되어 삶의 방향이 달라지지 않았다면, 나는 결

코 내 경험을 나누는 '주교양 양육법' 강사로 살아 내지 못했을 것이다. 성경적 자존감이 회복된 사람은 성경적 성공에 대해서 혼돈하지 않는다. 다음은 현재 내가 어떤 삶을 추구하고 있는지 진단해 보는 설문이다.

첫째, 나는 예수님이 그리스도이심을 믿고 있는가? (○, ×)

둘째, 주님의 소원이 나의 소원이 되는 삶을 살고 있는가? (○, ×)

셋째, 언제나 어디서나 주를 찬양하는 영혼으로 살고 있는가? (○, ×)

넷째, 내 영혼이 여호와를 즐거워하고 그분의 구원을 기뻐하고 있는가? (○, ×)

다섯째, 하나님의 사람으로 온전하게 하며 모든 선한 일을 행할 능력을 갖춰 가고 있는가? (○, ×)

여섯째, 예수 그리스도의 장성한 분량에 이르도록 성장하는 중인가? (○, ×)

일곱째, 성령의 권능을 받고 예수 그리스도의 증인으로 살고 있는가? (○, ×)

만일 이 모든 질문에 자신 있게 답할 수 있다면 성경적 성공을 추구하는 복된 인생이다. 그러나 설사 그렇지 못해서 부끄럽더라도 실망할 일이 아니다. 우리 인생이란 게 원래 부끄러운 존재가 아닌가? 우리는 모두 부끄럽지만 예수 그리스도의 보혈의 은혜를 온몸과 마음에 뒤집어씀으로써 새로운 피조물이 되지 않았는가? 사랑할 능력이 안 되니 주님의 보혈을 뒤집어쓰고, 오직 예수님의 은혜만을 사모하지 않는가?

나는 할 수 없지만 내 마음이 예수님의 마음으로, 내 눈이 예수님의 눈으로, 내 손이 예수님의 손으로, 내 발이 예수님의 발로 주께서 쓰시겠다 하면 주님이 사용하시도록 내어 드리면 그만이다.

하나님을 목숨을 다해 사랑하는 일도, 이웃을 나 자신같이 사랑하는 일도 나에겐 늘 못 다 이룬 꿈이다. 그러나 이렇게 자격도 없는 나에게 하나님은 마이크를 쥐어 주셨다. 나는 부름 받아 가는 교회마다 이 강의가 내 인생의 마지막 강의일지도 모른다는 생각으로 간다. 나는 너무나 부족하지만 하나님은 자격도 없는 나 같은 함량 미달의 인생에게 가는 곳마다 하나님 아버지의 마음을 전하도록 인도하셨다. 늘 과분한 일이고, 눈물과 회개가 없이는 불가능한 일이었다.

'주께서 쓰시겠다' 하니 묻지도 따지지도 않고 그 즉시 나귀를 내어 드린 나귀 주인처럼, 나는 보잘것없는 내 인생과 내 아들과 내 가정의 이야기를 나누었다. 이 이야기 속에서 섭리하신 하나님의 손길에 글씨를 입혀 드리고, 목소리를 입혀 드리며, 하나님과 세상 앞에 보고하는 것을 나의 사명으로 여겼다. 그때마다 주님은 전하는 자나 듣는 자나 각양각색의 은혜와 믿음을 선물로 주셨다.

예수님의 마음으로 자녀를 대하기 시작하면, 먼저 엄마의 마음이 자란다. 예수님처럼 말하고, 예수님처럼 듣고, 예수님처럼 섬겨 보려고 애쓰는 부모라면 그 자녀의 인생은 날마다 믿음의 지경과 넓이와 깊이가 자랄 것이다. 부모와 자녀 모두 하나님이 기뻐하시는 데까지 나아가길 간절히 기도한다.

에필로그

다시 부르는 새 노래

지나온 모든 시간이 기적이었다. '나는 그리스도인이다. 나는 그리스도인 부모다. 나는 그리스도인 엄마다. 나는 그리스도인 아내다.' 예수님 안에서 나를 발견한 것이 그리스도를 전할 수 있는 근거이며, 내 인생을 지탱해 준 가장 큰 기적이다.

하나님을 모르는 가정에서 태어난 내가 하나님의 자녀가 된 일은, 예수 그리스도의 십자가 죽음과 부활이 아니고는 도저히 설명이 불가능하다. 하나님과 원수 된 나 같은 사람이 하나님의 사람이 된 일은, 내 인생에서 가장 기분 좋은 스캔들이라고 생각한다.

나는 믿음이 없었으나 하나님의 말씀을 기준으로 태교부터 배웠다. 미숙아로 태어난 아들의 잦은 병치레를 감당하면서 말씀을 기준으로 기도하고 순종하기를 배웠다. 아이 덕분에 성장하고, 자존감이 회복되고, 하나님의 자녀가 되어 누리게 된 특권이요 은혜였다.

2008년 1월에 출간된 나의 첫 책《엄마의 기준이 아이의 수준을 만든다》에는 하나님의 말씀을 기준으로 '그리스도인 엄마'와 '그리스도인 자녀'가 함께 성장해 가는 많은 과정을 소상히 기록했다. 수많은 실수와 불순종을 반복하면서 깨닫게 된 결론은 하나님께 배운 성경적 자녀양육이야말로 가장 탁월한 양육법이라는 사실이다. 그리고 그리스도인 부모가 되는 일은 믿음의 '순종학교'에서 훈련받는 것임을 알았다. 순종학교 훈련은 정말 힘들었다. 순간순간 포기하고 싶을 만큼 고통스러웠다. 그러나 끝까지 포기하지 않아서 거둔 열매는 참으로 달고 맛있었다. 하늘의 축복과 땅의 축복을 넘치도록 받고 있다.

남편이 교회를 개척하는 것과 동시에 아들이 학교를 그만둔 일은 내 인생에서 가장 큰 위기였다. 그 고난의 시기에 나는 눈물로 밤을 지새우는 중에 하나님의 말씀 안에서 '성경적 자존감'을 회복할 수 있었다. 그리고 그리스도인 부모로서 살기 위해 어떤 정체성을 가지고 악한 이 시대를 분별해야 하는지 배웠다.

'그리스도인 부모로서의 정체성'을 잊지 않는 것과 '그리스도인 부모로서 성경적 자존감을 회복'하고 생명의 복음을 전하는 일은 예수 그리스도가 먼저 가신 길이었다. 그 뒤를 제자들이 따랐다. 사도 바울이 전파한 복음의 길이었다. 예수님도, 그분의 열두 제자도, 사도 바울도, 초대교회 성도들도, 모두 자신이 누구이며 무엇을 위해 살아야 하는지 정확히 알고 살았다.

예수님도 사도 바울도 자신의 정체성을 말씀을 통해 배웠다. 우리도 말씀을 통해 내가 누구인지를 정확히 알아야 한다. 그리스도인 부모가 그리스도인으로서의 정체성과 자존감을 먼저 회복해야 한다. 범람하는 정보의 홍수 속에서 죽어 가는 우리 자녀들을 구출해 낼 수 있는 분은 오직 예수 그리스도 한 분뿐이다. 그리스도인 부모와 자녀가 '내가 누구이며, 어떤 존재이며, 어떻게 살아야 할 것인가'만 정확히 알고 산다면, 그 인생은 하나님이 주목하시고 인도하시고 도우신다.

지난 1년 6개월간 나는 '부모와 자녀의 성경적 자존감'을 주제로 글을 쓰기 위해 부단히 공부하고 묵상했다. 이것은《엄마의 기준이 아이의 수준을 만든다》에서 '하나님의 말씀을 기준으로 배우고 실천하며, 아이의 성장과 함께 부모도 성장하라'는 '주교양 양육법'을 내 자신이 또다시 실천한 과정이기도 하다. 지난날 시행착오들을 겪으며 배운 일을 다시 나에게 가르치며 실천하려니, 참으로 피하고 싶은 순간이 많았다. 첫 번째 책을 쓸 때와 달리, 마음의 아픔과 갈등도 더 많이 겪었다. 영적 씨름도 대단했다. 나 자신의 필력도 실력도 영력도 체력도, 그 모든 것이 너무 미흡한 터라 기도하며 공부하고 공부한 것을 다시 성경 내용에 비추어 걸러 내며 묵상하고 그대로 다시 살아 보는 일을 반복해야 했다. 그러다 그게 너무 힘들어서 글쓰기를 여러 번 중단하기도 했다.

그럼에도 불구하고 끝까지 완주할 수 있었던 것은 성령님께서 내 안에 소원을 주시고 매 순간 도우시며 인도해 주셨기 때문이다. 마음속에 글이 쌓이고 쌓이다 보니, 어느 날부터인가 손가락 끝으로 넘쳐 나기 시작했다. 원고와 씨름하는 동안 말씀 안에서 회복된 나 자신의 '성경적 마음과 성경적 자존감과 성경적 성공'에 대한 확실한 배움의 큰 그림이 보였다. 믿음과 소망도 다시 보였다. '이만하면 됐지, 나 같은 사람이 뭘 더 하겠어'라는 겸손을 가장한 깊은 열등감과, 이제는 멈춰서 쉬고 싶은 자기 합리화의 게으름이 큰 걸림돌이었음을 알아보게 되었다.

이 모든 갈등의 원인이 내 속에서 뿌리를 내리고 있는 게으름과 탐심임을 알았다. 좀 더 쉽게 가고 싶고, 내 능력보다 더 잘해 보고 싶은 유혹이 바로 하나님이 싫어하시는 탐심에서 비롯됐음을 보게 되었다. 가장 큰 내 마음의 죄, 탐심을 발견한 날 나는 글쓰기를 멈췄다. 일단 모든 걸 중단하고 회개하기 시작했다. 나의 얄팍한 생각들이 보였다. 부끄러웠지만, 다시 무릎을 꿇었다. 기도의 자리에서 더 깊은 기도를 사모했다. 성경 읽기의 자리에서 초심으로 돌아왔다. 머리 위로 총알이 날아다니는 것 같던 괴로움과 급한 마음과 분주함을 멈추니 마음의 평안이 다시 회복됐다. 그동안 주님 일하느라 바쁘다고 소원해졌던 예수님과도 다시 친밀해졌다. 모든 탐심을 버리고 나니, 위로부터 하나님께서 주시는 지혜와 위로와 용기가 생겼다. 이제부터 다시는 속지 말고, 오직 하나님께 나의 걸음을 의뢰하며, 내가 할 수 있는 만큼만 하면 그것으로 충분한 일이었다. 이 모든 것은 아마도 책을 쓰지 않았으면 결코 경험할 수 없는 예수님과의 특별한 재회였다.

Soli Deo Gloria(오직 하나님께 영광을 올려 드립니다)!

드디어 나의 두 번째 책이 세상의 빛을 보게 되었다. 지난 1년 6개월간 이토록 소중한 주제로 책을 쓰도록 권해 주시고, 함께 기도하며 기다려 주신 두란노 편집부 식구들에게 진심으로 감사드린다. 그들의 인내와 주님의 인도하심 덕분에, 보다 구체적이고 체계적으로 그리스도인 부모로서 회복된 '성경적 마음, 성경적 자존감, 성경적 성공'에 관한 성경적 분별력을 갖게 되었다.

진짜를 찾고 나면 가짜가 분별된다. 비록 부족하지만 이 한 권의 책을 통해 부모가 먼저 그동안 잃어버렸거나 가짜 거울에 속고 살았던 나와 내 자녀의 진짜 모습을 만나길 기도한다. 하나님이 만드시고 지켜보시고 응원하시는 진짜 나와 자녀를 만나기를 소망한다. 더 나아가 관중이 아니라 경주장을 종횡무진하는 부름 받은 선수로서 거듭나길 기도한다. 한 영혼을 구원하시기 위해 오늘도 말할 수 없는 탄식으로 중보기도 하시는 예수님의 심장이 이식되길 간절히 기도한다.

자녀 세대를 살릴 수 있는 사람은 예수님의 심장을 갖고 사는 부모 세대뿐이다. 믿음의 경주를 달려간 선배들을 따라, 주님 오시는 그날까지 사명을 감당하는 주님의 동역자들이 가정마다 교회마다 곳곳에 세워지기를 기도한다.

주님의 도우심으로 끝까지
승리하기를 소망하며,
장애영 사모 드림